INFERNALIANA.

Sous presse pour paraître incessamment chez les mêmes Libraires:

Saint-Ernulphe, ou *les Proscriptions;* par M. L. FLEURY. Deuxième édition, ornée d'une jolie gravure. Prix : 4 fr. 50 c.

IMPRIMERIE DE GOETSCHY,
Rue Louis-le-Grand, n° 27.

« Jamais je n'ai visé si Juste ?
» et avec aussi peu de Succès.

INFERNALIANA.

> Les effets les plus surnaturels proviennent souvent des causes les plus simples ; ne doutons pas toujours, ne croyons pas trop aveuglément, et profitons de ce qui peut nous être utile.

PUBLIÉ PAR CH. N***.

A PARIS,

CHEZ { SANSON, Libraire, boulevart Bonne-Nouvelle, n° 3.
NADAU, Faubourg Saint-Martin.

1822.

AVERTISSEMENT.

De toutes les erreurs populaires, la croyance au vampirisme est à coup sûr la plus absurde; je ne sais même si elle ne l'est pas plus que les contes de revenans.

Les vampires ne furent guère connus que vers le dix-huitième siècle. La Valachie, la Hongrie, la Pologne, la Russie, furent leurs berceaux. Voltaire, dans son Dictionnaire philosophique, nous dit : « On n'entendit parler que de vampires depuis 1730 jusqu'en 1735; on les guetta, on leur arracha le cœur, on les brûla : ils ressemblaient aux anciens martyrs; plus on en brûlait, plus il s'en trouvait. ».

Il est étonnant que des être raisonnables aient pu croire si long-tems que des morts sortaient la nuit des cimetières pour aller sucer le sang des vivans, et que ces mêmes morts retournaient ensuite dans leurs cercueils. Nous pouvons certifier cependant que des gens de mérite y ont cru, et que l'autorité elle-même a servi à propager de semblables absurdités. Nous engageons nos lecteurs à se défier de ces récits ainsi que des prétendues histoires de revenans, de sorciers, de diables, etc. Tout ce qu'on peut dire et écrire sur ce sujet, n'a aucune authenticité et ne mérite aucune croyance.

Nous avons tiré plusieurs contes de différens auteurs : Langlet-Dufresnois, *les Mille et un Jour*, dom Calmet, etc., nous en ont fourni.

Un grand nombre sont de notre imagination, et si nous n'en citons pas les auteurs en particulier, c'est que cela aurait entraîné à trop de longueurs. Au surplus, si le vampirisme ne date que d'un siècle à-peu-près, la croyance aux revenans, aux sorciers, etc., date, je crois, depuis la création du monde, sans que personne de bon sens, puisse assurer en avoir vu ou connu.

INFERNALIANA,

OU

ANECDOTES, PETITS ROMANS,

NOUVELLES ET CONTES

SUR LES REVENANS, LES SPECTRES, LES DÉMONS ET LES VAMPIRES.

LA NONNE SANGLANTE.

NOUVELLE.

Un revenant fréquentait le château de Lindemberg, de manière à le rendre inhabitable. Apaisé ensuite par un saint homme, il se réduisit à n'occuper qu'une chambre, qui était constamment fermée. Mais tous les cinq ans, le cinq de mai, à une heure précise du matin, le fantôme sortait de son asile.

C'était une religieuse couverte d'un voile, et vêtue d'une robe souillée de sang. Elle tenait d'une main un poigard, et de l'autre une lampe allumée, descendait ainsi le grand escalier, traversait les cours, sortait par la grande porte, qu'on avait soin de laisser ouverte, et disparaissait.

Le retour de cette mystérieuse époque était près d'arriver, lorsque l'amoureux Raymond reçut l'ordre de renoncer à la main de la jeune Agnès, qu'il aimait éperduement.

Il lui demanda un rendez-vous, l'obtint, et lui proposa un enlèvement Agnès connaissait trop la pureté du cœur de son amant, pour hésiter à le suivre : « C'est dans cinq jours, lui dit-elle, que *la nonne sanglante* doit faire sa promenade. Les portes lui seront ouvertes, et personne n'osera se trouver sur son passage. Je saurai me procurer des vêtemens convenables, et sortir sans être reconnue; soyez prêt à quelque distance.... » Quelqu'un entra alors et les força de se séparer.

Le cinq de mai, à minuit, Raymond était aux portes du château. Une voiture et deux chevaux l'attendaient dans une caverne voisine.

Les lumières s'éteignent, le bruit cesse, une heure sonne : le portier suivant l'antique usage, ouvre la porte principale. Une lumière se montre dans la tour de l'est, parcourt une partie du château, descend..... Raymond apperçoit Agnès, reconnaît le vêtement, la lampe, le sang et le poignard. Il s'approche; elle se jette dans ses bras. Il la porte presque évanouie dans la voiture; il part avec elle, au galop des chevaux.

Agnès ne proférait aucune parole.

Les chevaux couraient à perte d'haleine; deux postillons, qui essayèrent vainement de les retenir, furent renversés.

En ce moment, un orage affreux s'élève; les vents sifflent déchaînés; le tonnerre gronde au milieu de mille éclairs; la voiture emportée se brise.... Raymond tombe sans connaissance.

Le lendemain matin, il se voit entouré de paysans qui le rappelent à la vie. Il leur parle d'Agnès, de la voiture, de l'orage; ils n'ont rien vu, ne savent rien, et il est à dix lieues du château de Lindemberg.

On le transporte à Ratisbonne; un médecin panse ses blessures, et lui recommande le repos. Le jeune amant ordonne mille recherches inutiles, et fait cent questions, auxquelles on ne peut répondre. Chacun croit qu'il a perdu la raison.

Cependant la journée s'écoule, la fatigue et l'épuisement lui procurent le sommeil. Il dormait assez paisiblement, lorsque l'horloge d'un couvent voisin le réveille, en sonnant une heure. Une secrète horreur le saisit, ses cheveux se hérissent, son sang se glace. Sa porte s'ouvre avec violence; et, à la lueur d'une lampe posée sur la cheminée, il voit quelqu'un s'avancer : C'est la *nonne sanglante*. Le spectre s'approche, le regarde fixement, et s'assied sur son lit, pendant une heure entière. L'horloge sonne deux heures. Le fantôme alors se lève, saisit la main de Raymond, de ses doigts glacés, et lui dit : *Raymond, je suis à toi ; tu es à moi pour la vie.* Elle sortit aussitôt, et la porte se referma sur elle.

Libre alors, il crie, il appelle ; on se persuade de plus en plus qu'il est insensé ; son mal augmente, et les secours de la médecine sont vains.

La nuit suivante la nonne revint encore, et ses visites se renouvellèrent ainsi pendant plusieurs semaines. Le spectre, visible pour lui seul n'était apperçu par aucun de ceux qu'il faisait coucher dans sa chambre.

Cependant Raymond apprit qu'Agnès, sortie trop tard, l'avait inutilement cherché dans les environs du château ; d'où il conclut qu'il avait enlevé la nonne sanglante. Les parens d'Agnès, qui n'approuvaient point son amour, profitèrent de l'impression que fit cette avanture sur son esprit, pour la déterminer à prendre le voile.

Enfin Raymond fut délivré de son effrayante compagne. On lui amena un personnage mystérieux, qui passait par Ratisbonne; on l'introduisit dans sa chambre, à l'heure où devait paraître la nonne sanglante. Elle le vit et trembla; à son ordre, elle expliqua le motif de ses importunités : religieuse espagnole, elle avait quitté le couvent, pour vivre dans le désordre, avec le seigneur du château de Lindemberg : infidèle à son amant, comme à son Dieu, elle l'avait poignardé : assassinée elle-même par son complice qu'elle voulait épouser; son corps était resté sans sépulture et son âme sans asyle errait depuis un siècle. Elle demandait un peu de terre pour l'un, des prières pour l'autre. Raymond les lui promit, et ne la vit plus.

LE VAMPIRE ARNOLD-PAUL.

Un paysan de Médreïga (village de Hongrie), nommé *Arnold-Paul*, fut écrasé par la chute d'un chariot chargé de foin. Trente jours après sa mort, quatre personnes moururent subitement, et de la même manière que meurent ceux qui sont molestés des vampires. On se ressouvînt alors qu'Arnold-Paul avait souvent raconté, qu'aux environs de Cassova, sur les frontières de la Turquie, il avait été tourmenté long-tems par un vampire turc; mais que sachant que ceux qui étaient victimes d'un vampire, le devenaient après leur mort, il avait trouvé le moyen de se guérir en mangeant de la terre du vampire turc, et en se frottant de son sang. On présuma que si ce remède avait guéri Arnold-Paul, il ne l'avait pas empêché de devenir vampire à son tour. En conséquence, on le déterra pour s'en assurer ; et quoiqu'il fût inhumé depuis quarante jours, on lui trouva le corps vermeil ; on s'apperçut que ses cheveux, ses ongles, sa barbe s'étaient renouvellés, et que ses veines étaient remplies d'un sang fluide.

Le bailly du lieu, en présence de qui se fit l'exhumation, et qui était un homme expert dans le vampirisme, ordonna d'enfoncer dans le cœur de ce cadavre un pieu fort aigu et de le percer de part en part ; ce qui fut exécuté sur le champ. Le vampire jeta des cris effroyables et fit les mêmes mouvemens que s'il eût été vivant. Après quoi on lui coupa la tête et on le brûla dans un grand bûcher. On fit subir ensuite le même traitement aux quatre personnes qu'Arnold-Paul avait tuées, de peur qu'elles ne devînsent vampires à leur tour.

Malgré toutes ces précautions, le vampirisme reparut au bout de quelques années; et dans l'espace de trois mois, dix-sept personnes, de tout âge et de tout sexe, périrent misérablement; les unes sans être malades, et les autres après deux ou trois jours de langueur. Une jeune fille nommée Stanoska, s'étant couchée un soir en parfaite santé, se réveilla au milieu de la nuit, toute tremblante, jetant des cris affreux, et disant que le jeune Millo, mort depuis neuf semaines, avait manqué de l'étrangler pendant son sommeil. Le lendemain Stanoska se sentit très-malade, et mourut au bout de trois jours de maladie.

Les soupçons se tournèrent sur le jeune homme mort, que l'on pensa devoir être un vampire ; il fut déterré, reconnu pour tel, et exécuté en conséquence. Les médecins et les chirurgiens du lieu examinèrent comment le vampirisme avait pu renaître au bout d'un tems si considérable, et après avoir bien cherché, on découvrit qu'Arnold-Paul, le premier vampire, avait tourmenté, non seulement les personnes qui étaient mortes peu de tems après lui, mais encore plusieurs bestiaux dont les gens morts depuis peu avaient mangé, et entr'autres le jeune Millo. On recommença les exécutions, on trouva dix-sept vampires auxquels on perça le cœur ; on leur coupa la tête, on les brûla, et on jeta leurs cendres dans la rivière. Ces mesures éteignirent le vampirisme dans Médréïga.

JEUNE FILLE FLAMANDE

ÉTRANGLÉE PAR LE DIABLE.

CONTE NOIR.

L'AVENTURE qui suit eut lieu le 27 mai 1582. — Il y avait à Anvers une jeune et belle fille, aimable, riche et de bonne maison; ce qui la rendait fière, orgueilleuse, et ne cherchant tous les jours, par ses habits somptueux, que les moyens de plaire à une infinité d'élégans qui lui faisaient la cour.

Cette fille fut invitée, selon la coutume, à certaines noces d'un ami de son père qui se mariait. Comme elle n'y voulait point manquer et qu'elle se réjouissait de paraître à une telle fête, pour l'emporter en beauté et en bonne grâce sur toutes les autres dames et demoiselles, elle prépara ses plus riches habits, disposa le vermillon dont elle voulait se farder, à la manière des Italiennes; et comme les Flamandes surtout aiment le beau linge, elle fit faire quatre ou cinq collets, dont l'aune de toile coûtait neuf écus. Ces collets achevés, elle fit venir une habile repasseuse, et lui commanda de lui empeser avec soin deux de ces collets, pour le jour et le lendemain des noces, lui promettant pour sa peine la valeur de vingt-quatre sous.

L'empeseuse fit de son mieux, mais les collets ne se trouvèrent point au gré de la demoiselle, qui envoya chercher aussitôt une autre ouvrière, à qui elle donna ses collets et sa coiffure pour les empeser, moyennant un écu qu'elle promettait si le tout était à son goût. Cette seconde empeseuse mit tous ses talens à bien faire; mais elle ne put encore contenter la jeune fille qui, dépitée et furieuse, déchira, et jeta par la chambre, ses collets et coiffures, blasphémant le nom de dieu, et jurant qu'elle aimerait mieux *que le diable l'emportât*, que d'aller aux noces ainsi vêtue.

La pauvre demoiselle n'eut pas plutôt achevé ces paroles, que le diable, qui était aux aguets, ayant pris l'apparence d'un de ses plus chers amoureux, se présenta à elle, ayant à son cou une fraise admirablement empesée et accommodée avec la dernière élégance. La jeune fille, trompée, et pensant qu'elle parlait à un de ses mignons, lui dit doucement : « Mon ami, qui
» vous a donc si bien dressé vos frai-

» ses? voilà comme je les voudrais ». L'esprit malin répondit qu'il les avait accomodées lui-même, et en même-tems il les ôte de son cou, les met gaiement à celui de la demoiselle, qui ne put contenir sa joie de se voir si bien parée; puis ayant embrassé la pauvrette par le milieu du corps, comme pour la baiser, le méchant démon poussa un cri horrible, lui tordit misérablement le cou, et la laissa sans vie sur le plancher.

Ce cri fut si épouvantable que le père de la jeune fille et tous ceux de la maison l'entendirent et en conçurent le présage de quelque malheur. Ils se hâtèrent de monter à la chambre, où ils trouvèrent la demoiselle roide morte, ayant le cou et le visage noir et meurtri; la bouche bleuâtre et toute défigurée, tellement qu'on en reculait d'épouvante. Le père et la mère après avoir poussé long-tems des cris et des sanglots lamentables, firent ensevelir leur fille qui fut ensuite mise dans un cercueil, et pour éviter le déshonneur qu'ils redoutaient, ils donnèrent à entendre que leur enfant était subitement mort d'une apoplexie. Mais une telle aventure ne devait pas être cachée. Au contraire, il fallait qu'elle fut manifestée à chacun, afin de servir d'exemple. Comme le père avait ordonné de tout disposer pour l'enterrement de sa fille, il se trouva que quatre hommes forts et puissans, ne purent jamais enlever ni remuer la bière où était ce malheureux corps. On fit venir deux autres porteurs robustes qui se joignirent aux quatre premiers; mais ce fut en vain; car le cercueil était si pesant qu'il ne bougeait pas plus que s'il eût été fortement cloué au plancher. Les assistans épouvantés demandèrent qu'on ouvrit la bière; ce qui fut fait à l'instant. Alors (ô prodige épouvantable !) il ne se trouva dans le cercueil qu'un chat noir, qui s'échappa précipitamment et disparut sans qu'on put savoir ce qu'il devint. La bière demeura vide; le malheur de la fille mondaine fut découvert, et l'église ne lui accorda point les prières des morts.

VAMPIRES DE HONGRIE.

Un soldat hongrois étant logé chez un paysan de la frontière, et mangeant un jour avec lui, vit entrer un inconnu qui se mit à table à côté d'eux. Le paysan et sa famille parurent fort effrayés de cette visite, et le soldat, ignorant ce que cela voulait dire, ne savait que juger de l'effroi de ces bonnes gens. Mais le lendemain, le maître de la maison ayant été trouvé mort dans son lit, le soldat apprit que c'était le père de son hôte, mort et enterré depuis dix ans, qui était venu s'asseoir à table à côté de son fils, et qui lui avait ainsi annoncé et causé la mort.

Le militaire informa son régiment de cette aventure. Les officiers-généraux envoyèrent un capitaine, un chirurgien, un auditeur et quelques officiers pour vérifier le fait. Les gens de la maison et les habitans du village déposèrent tous, que le père du paysan était revenu causer la mort de son fils; et que tout ce que le soldat avait vu et raconté était exactement vrai. En conséquence, on fit déterrer le corps du spectre. On le trouva dans l'état d'un homme qui vient d'expirer, et ayant le sang encore chaud; on lui fit couper la tête et on le remit dans son tombeau. Après cette première expédition, on informa les officiers qu'un autre homme, mort depuis plus de trente ans, avait l'habitude de revenir; qu'il s'était déjà montré trois fois dans sa maison à l'heure des repas. Que la première fois il avait sucé au cou son propre frère, et lui avait tiré beaucoup de sang ; qu'à la seconde fois il en avait fait autant à un de ses fils; qu'un valet avait été traité de même à la troisième fois ; et que ces trois personnes en étaient mortes. Ce revenant dénaturé fut déterré à son tour ; on le trouva aussi plein de sang que le premier vampire. On lui enfonça un grand clou dans la tête et on le recouvrit de terre.

La commission croyait en être quitte lorsque de tous côtés il s'éleva des plaintes contre un troisième vampire, qui, mort depuis seize ans, avait tué et dévoré deux de ses fils ; ce troisième vampire fut brûlé comme le plus coupable; après ces exécutions, les officiers laissèrent le village entièrement rassuré contre les revenans qui buvaient le sang de leurs enfans et de leurs amis.

HISTOIRE D'UN MARI ASSASSINÉ,

Qui revient après sa mort demander vengeance.

M. de la Courtinière, gentilhomme breton, employait la plus grande partie de son tems à chasser dans ses bois et à visiter ses amis. Il reçut un jour dans son château plusieurs seigneurs, ses voisins ou ses parens, et les traita fort bien pendant trois ou quatre jours. Quand cette compagnie se fut retirée, il y eut entre M. de la

Courtinière et sa femme, une petite querelle, parce qu'il trouvait qu'elle n'avait pas fait assez bon visage à ses amis. Toutefois il lui fit ses remontrances avec des paroles douces et honnêtes, qui n'auraient pas dû l'irriter ; mais cette dame, étant d'une humeur hautaine, ne répondit rien, et résolut intérieurement de se venger.

M. de la Courtinière se coucha ce soir là deux heures plutôt qu'à l'ordinaire, parce qu'il était très-fatigué. Il s'endormit profondément. L'heure où la dame avait habitude de se coucher étant venue, elle remarqua que son mari était plongé dans un sommeil très-profond. Elle pensa que le moment était favorable à la vengeance qu'elle méditait, tant de la querelle qu'il venait de lui faire, que peut-être de quelque autre ancienne inimitié. Elle fit tous ses efforts pour séduire un domestique de la maison et une servante, qu'elle savait être l'un et l'autre assez faciles à corrompre, moyennant de bonnes récompenses.

Après avoir tiré d'eux par des protestations et des sermens horribles, l'assurance qu'ils ne déclareraient rien, elle leur annonça ses coupables intentions; et pour les y faire plutôt condescendre, elle donna à chacun la somme de six cents francs qu'ils acceptèrent. Cela fait, ils entrèrent tous trois, la dame la première, dans la chambre où le mari était couché; et comme tout était endormi dans la maison, ils égorgèrent leur victime, sans être entendus. Ils portèrent le corps dans l'un des celliers du château, où ils firent une fosse, dans laquelle ils l'enterrèrent; et pour éviter qu'on ne pût tirer d'indices de la terre fraîchement remuée, ils placèrent sur la fosse un tonneau plein de chair de porc salée. Après cela, chacun s'alla coucher.

Le jour venu, les autres domestiques, ne voyant pas leur maître, se demandaient les uns aux autres s'il était malade? La dame leur dit qu'un de ses amis était venu le chercher la nuit précédente, et l'avait emmené précipitemment, pour aller séparer des gentilshommes du voisinage qui étaient sur le point de se battre. Ce subterfuge fut bon pour un tems ; mais au bout de quinze jours, comme M. de la Courtinière ne paraissait point, on commença à devenir inquiet. Sa veuve fit répandre le bruit qu'elle avait eu avis que son mari passant par un bois avait fait rencontre de voleurs qui l'avaient assassiné. En même tems elle se couvrit de vêtemens de deuil, fit des lamentations dissimulées, et commanda qu'on fît dans les paroisses dont il avait été seigneur, des services et des prières pour le repos de l'âme du défunt.

Tous ses parens et ses voisins vinrent la consoler, et elle joua si bien la douleur, que jamais personne n'eût découvert son crime, si le ciel n'eût permis qu'il fût dévoilé.

Le défunt avait un frère qui venait quelquefois voir sa belle-sœur, tant pour la distraire de ses prétendus chagrins, que pour veiller à ses affaires et aux intérêts des quatre enfans mineurs du défunt. Un jour qu'il se promenait, sur les quatre à cinq heures de l'après-dînée, dans le jardin du château, comme il contemplait un parterre orné de belles tulipes et autres fleurs rares que son frère avait beaucoup aimées, il lui prit tout-à-coup un saignement de nez, ce qui l'étonna fort, n'ayant jamais éprouvé cet accident. En ce moment, il songeait fortement à son frère; il lui sembla qu'il voyait l'ombre de M. de la Courtinière qui lui faisait signe de la main et semblait l'appeler. Il ne s'effraya point; il suivit le spectre jusqu'au cellier de la maison, et le vit disparaître justement sur la fosse où il avait été enterré. Ce prodige lui donna quelques soupçons sur le forfait commis. Pour s'en assurer, il alla raconter ce qu'il venait de voir à sa belle-sœur. Cette dame pâlit, changea de visage, et balbutia des mots sans liaison. Les soupçons du frère se fortifièrent de ce trouble; il demanda qu'on fit creuser dans le lieu où il avait vu disparaître le fantôme. La veuve, que cette subite résolution épouvanta, fit un effort sur elle-même, prit une contenance ferme, se moqua de l'apparition, et assaya d'appaiser les inquiétudes de son beau-frère. Elle lui représenta que s'il se vantait d'avoir eu une pareille vision, chacun se moquerait de lui, et qu'il serait la risée de tout le monde.

Mais tous ces discours ne purent le détourner de son dessin. Il fit creuser dans le cellier, en présence de témoins; on découvrit le cadavre de son frère, à moitié corrompu. Le corps fut levé et reconnu par le juge de Quimper-Corentin. La veuve fut arrêtée avec tous les domestiques et les trois coupables furent condamnés au feu. Tous les biens de la dame furent confisqués, pour être employés en œuvres pieuses.

AVENTURE

DE LA TANTE MÉLANCHTON.

Philippe Mélancthon raconte que sa tante, ayant perdu son mari, lorsqu'elle était enceinte, et près de son terme, vit un soir, étant assise auprès de son feu, deux personnes entrer dans sa maison, l'une ayant la forme de son mari décédé, l'autre celle d'un franciscain de grande taille. D'abord elle en fut effrayée; mais son mari la rassura, et lui dit qu'il avait quelque chose d'important à lui communiquer; ensuite il fit signe au franciscain de passer un moment dans la chambre voisine, en attendant qu'il eût fait connaître ses volontés à sa femme. Alors il la pria de lui faire dire des messes, et l'engagea à lui donner la main sans crainte. Comme elle en faisait difficulté, il l'assura qu'elle n'en ressentirait aucun mal. Elle mit donc sa main dans celle de son mari ; et elle la retira, sans douleur à la vérité, mais tellement brûlée, qu'elle en demeura noire toute sa vie. Après quoi, le mari rappella le franciscain ; et les deux spectres disparurent......

LE SPECTRE D'OLIVIER.

PETIT ROMAN.

Olivier Prévillars et Baudouin Vertolon, nés tous deux dans la ville de Caen, se lièrent dès l'enfance de la plus étroite amitié. Ils étaient à-peu-près du même âge, leurs parens étaient voisins; tout concourut à rendre durable l'amitié qu'ils avaient l'un pour l'autre.

Un jour, dans une exaltation de sentiment assez ordinaire à la première jeunesse, ils se promirent de ne jamais s'oublier, et jurèrent même que celui qui mourrait le premier, viendrait à l'instant trouver l'autre pour ne plus le quitter. Ils écrivirent et signèrent ce serment de leur propre sang.

Mais bientôt *les inséparables* (car c'était ainsi qu'on les avaient surnommés) se virent forcés de s'éloigner l'un de l'autre; ils avaient alors dix-neuf ans. Olivier, qui étaient fils unique, resta à Caen pour seconder son père dans les soins du commerce; Baudouin fut envoyé à Paris, pour faire son droit, parce que son père le destinait au barreau. On se figure aisément la douleur que cette séparation causa aux deux amis. Ils se firent les plus tendres adieux, se renouvellèrent leur promesse, et écrivirent encore de leur sang un nouveau serment de se rejoindre, même après la mort, si le ciel voulait le permettre. Le lendemain Baudouin partit pour Paris.

Cinq années se passèrent dans une parfaite tranquillité; Baudouin avait fait les plus rapides progrès dans l'étude des lois, et déjà on le comptait au nombre des jeunes avocats les plus distingués. Les deux amis entretenaient une correspondance suivie, et continuaient à se faire part de toutes leurs actions et de tous leurs sentimens. Enfin Olivier écrivit à son ami qu'il allait se marier avec la jeune Apolline de Lalonde; que ce mariage le mettait au comble de ses vœux; qu'il avait besoin de faire un voyage à Paris, pour y prendre quelques papiers importans, et qu'il aurait le bonheur d'emmener à Caen son cher Baudoun, pour le rendre témoin de son hymen. Il annonçait qu'il arriverait sous peu de jours à Paris, par la voiture publique.

Baudouin, charmé de l'espoir de revoir bientôt Olivier, se rendit au jour marqué à la voiture, mais il n'y trouva point son ami; un jour, deux jours se passèrent de même; enfin le quatrième jour, Baudouin alla assez loin sur la route de Caen, au devant de la diligence. Il la rencontra enfin; et quand il fut à une distance convenable, il vit bien distinctement à la portière, Olivier, extrêmement pâle, vêtu d'un habit de drap vert, orné d'une petite tresse d'or, un chapeau bordé était rabattu sur ses yeux. La voiture passa fort vîte; mais Baudouin entendit Olivier lui dire, en le saluant de la main : « Tu me trouveras chez toi. » Le jeune avocat suivit la voiture et arriva au bureau peu de tems après. N'y trouvant point Olivier, il demanda aux voyageurs où était le jeune homme qui l'avait salué sur la route et qui lui avait parlé ; mais personne ne put rien comprendre à ses questions : envain il désigna la figure et l'habillement de celui qu'il cherchait; on n'avait point vu dans la voiture d'homme en habit vert. Le conducteur de la diligence s'informa du nom de celui qu'on demandait; ayant entendu nommer Olivier Prévillars, il répondit qu'il n'était pas sur sa liste; mais qu'il le connaissait très-bien, que c'était le jeune homme le plus aimable de Caen; qu'il l'avait laissé en bonne santé et qu'il arriverait à Paris, dans trois jours au plus tard.

Après ces éclaircissemens, Baudouin se retira, ne sachant que penser de son aventure. En rentrant chez lui il demanda à son domestique si personne n'était venu; le domestique répondit que non. Alors Baudouin entra seul dans sa chambre, un flambeau à la main, car il commençait à faire nuit.

Après qu'il eut fermé la porte, il aperçut auprès de la cheminée, l'homme habillé de vert; il était assis et on ne pouvait voir sa figure. Baudouin approche et dirige son flambeau sur l'inconnu, qui, levant soudain un œil fixe, et découvrant sa poitrine percée de vingt coups de poignards, lui dit d'une voix sombre : « C'est moi, Baudouin, c'est ton ami » Olivier, qui fidèle à son serment... » A ces mots, Baudouin jette un cri et tombe évanoui. Le domestique accourt au bruit de sa chute, et le fait revenir à force de soins. En rouvrant les yeux, Baudouin aperçoit encore Olivier et le montre à son valet; celui-ci dit qu'il ne voit personne. Beaudouin lui ordonne de s'asseoir sur la chaise où

Olivier est assis ; le domestique obéit comme s'il n'y avait personne sur ce siége, et l'ombre semble y demeurer encore... Alors Baudouin entièrement revenu à lui, renvoie son valet, et s'approchant d'Olivier : « Pardonne, ô
» mon ami, lui dit-il, si je n'ai pas
» été maître de mon saisissement, à
» ton apparition subite et imprévue. »
Olivier, se levant alors, lui répondit :
« As-tu donc oublié le serment de
» l'amitié, ou l'aurais-tu regardé
» comme frivole? Non, Baudouin, ce
» serment sacré fut écrit et ratifié
» dans le ciel, qui me permet de le
» remplir. Je ne suis plus, ô mon cher
» Baudouin ; un crime abominable a
» séparé mon âme des liens qui l'atta-
» chaient à mon corps. Que ma pré-
» sence cesse d'être un motif d'épou-
» vante pour toi. Le jour, la nuit, à
» toute heure, en tous lieux, l'âme

» d'Olivier sera la compagne fidelle
» du vertueux Baudouin. Elle sera son
» guide, son appui et son intermé-
» diaire entre le créateur et lui. Mais
» ce dieu qui protége la vertu, ne veut
» pas que le crime demeure impuni.
» Celui dont je suis la victime crie
» vengeance. Mon sang qui fume en-
» core est monté avec mon âme jus-
» qu'au trône de l'éternel. C'est lui
» qui a ratifié notre serment, et c'est
» lui qui t'a choisi pour être mon ven-
» geur. Partons. »

Baudouin resta quelques momens sans répondre ; la pâleur du fantôme, son immobilité pétrifiante, son œil fixe et mort, sa poitrine criblée de coups de poignard, son accent sépulchral ; tout son aspect enfin inspirait la terreur ; et le jeune avocat ne pouvait s'en défendre. Mais après s'être assuré, par une courte prière, que ce qu'il voyait n'était point l'ouvrage du démon, il se résolut à suivre le fantôme, et à faire tout ce qu'il lui dirait.

En conséquence, selon l'ordre d'Olivier, Baudouin se munit de quelque argent, courut louer une chaise de poste, et suivi de son domestique, il partit à l'heure même pour Caen. Le domestique courait à cheval derrière la chaise, et le fantôme avait pris place dedans, toujours invisible pour tout autre que Baudouin.

Pendant le voyage, Olivier s'entretenait avec son ami, dont il devinait les plus secrètes pensées; il répondait aux objections qu'il se faisait intérieurement sur cet étonnant prodige, il le rassurait, et l'invitait à le regarder comme un gardien fidèle et sûr. Enfin il parvint à bannir l'effroi que sa présence lui avait inspirée d'abord.

En arrivant à Caen, Beaudouin fut reçu avec transport par sa famille, déjà fière de ses talens; comme il était un peu tard, on remit au lendemain les éclaircissemens et les questions; Baudouin se retira dans sa chambre; et Olivier l'engagea à se reposer, en lui disant qu'il allait profiter de son sommeil pour lui expliquer le complot dont il avait été victime. Baudouin s'endormit, et voici ce que l'âme d'Olivier lui fit entendre.

» Tu connus avant ton départ la belle Appolline de Lalonde, qui n'avait alors que quatorze ans. Le même trait nous blessa tous les deux; mais voyant à quel point j'étais épris d'Appolline, tu combattis ton amour, et gardant le silence sur tes sentimens, tu partis en préférant à tout, notre amitié. Les années s'écoulèrent, je fus aimé, et j'allais devenir l'heureux époux d'Appolline, lorsqu'hier, au moment où j'allais partir pour te ramener à Caen, je fus assassiné par Lalonde, l'indigne frère d'Appoline, et par l'infâme Piétreville, qui prétendait à sa main. Les monstres m'invitèrent au moment de mon départ à une petite fête, qui devait se donner à Colombelle; ils me proposèrent ensuite de me reconduire à quelque distance. Nous partîmes, et je ne suis plus au nombre des vivans. C'est à la même heure où tu m'aperçus sur la route, que ces malheureux venaient de m'assassiner de la manière la plus atroce.

» Voici ce que tu dois faire pour me venger. Demain, rends-toi chez mes parens, et ensuite chez ceux d'Appoline; invite-les, ainsi que Piétreville à une fête, que tu donneras pour célébrer ton retour. Le lieu sera Colombelle, tu obtiendras leur consentement pour après-demain, et tu affecteras la plus grande gaîté. Je t'instruirai plus tard de tout le reste. »

L'ombre se tut. Baudouin dormit du sommeil le plus tranquille; et le lendemain il exécuta le plan tracé par Olivier. Tout le monde consentit à sa demande, et on se rendit à Colombelle. Les convives étaient au nombre de trente. Le repas fut splendide et gai; Piétreville et Lalonde paraissaient s'amuser beaucoup. Baudouin seul était dans l'anxiété, ne recevant aucun ordre de l'ombre, toujours présente à ses yeux.

Au dessert, Lalonde se leva, et réclama le silence pour lire une lettre cachetée qu'Olivier lui avait remise, disait-il, devant Piétreville, le jour de son départ, avec injonction de ne l'ouvrir que trois jours après et en présence de témoins. Voici ce qu'elle contenait :

« Au moment de partir, peut-être
» pour ne jamais revenir dans ma pa-
» trie, il faut, mon cher Lalonde, que
» je m'ouvre à toi sur la vraie cause de
» mon départ.

» Il m'eût été doux de te nommer
« mon frère, mais j'ai fait il y a peu
« de jours, la conquête d'une jeune
» personne, vers qui je me sens en-
» traîné par un attrait invincible;
» c'est elle que je vais rejoindre à
» Paris, pour la suivre où l'amour
» nous conduira. Présentes mes excu-
» ses à ta sœur, dont je me recon-
» nais indigne. Sa vengeance est dans
» ses mains : j'ai entrevu que Piétre-
» ville l'aimait; il la mérite mieux que
» moi.

OLIVIER. »

Tout le monde resta muet et in-
terdit à cette lecture. Baudouin vit

Olivier s'agiter violemment. La lettre passa de main en main; chacun reconnut l'écriture et le seing d'Olivier. Baudouin voulut s'en assurer à son tour; mais la lettre lui fut arrachée des mains; elle se soutint quelques momens en l'air et prit la route du jardin... L'ombre fit signe à Beaudouin de la suivre; il courut après, guidé par Oliver. Toute la compagnie les suivit, et l'on retrouva la lettre au pied d'un gros arbre, assez éloigné de l'endroit de la fête, à l'entrée d'un grand bois, et sur un tas de pierres amoncelées. Baudouin se saisit de la lettre en s'écriant : Que signifie ce mystère? essayons de le pénétrer, faisons disparaître ces pierres et voyons ce qu'elles peuvent couvrir ? Lalonde et Piétreville éclatèrent de rire, et dirent à la compagnie de ne pas se déranger pour une feuille de papier poussée par le

vent. Baudouin insista, et saisissant les deux coupables qui cherchaient à s'éloigner, il les ramena au pied de l'arbre. Là, suppliant quelques jeunes gens de le seconder et de l'aider à les retenir, il fit découvrir le tas de pierres, sous lequel on trouva la terre fraîchement remuée. Tout le monde surpris, partagea l'impatience de Baudouin; on courut chercher des instrumens; on retint fortement Lalonde et Piétreville qui blasphémaient et accablaient Baudouin d'imprécations. On ouvrit la terre et l'on vit le cadavre d'Olivier, vêtu d'un habit vert et percé de vingt coups de couteau. Tous les assistans furent glacés d'horreur; le père d'Olivier s'évanouit, et Baudouin s'écria d'une voix forte : » Voilà
» le crime et voici les assassins. Se-
» courez ce père infortuné. Qu'on
» porte ce cadavre devant les juges;

» et que Lalonde, Piétreville et moi,
» soyons sur-le-champ conduits dans
» les prisons. »

On exécuta tout ce que Baudouin avait demandé; la justice se saisit de cette affaire, et le procès s'entama dès le lendemain. Les formalités préliminaires furent bientôt remplies; le jour de la discussion arriva. Les magistrats s'assemblèrent; l'accusateur et les accusés se trouvèrent en présence, mais il n'y avait point d'autre témoin que le cadavre du malheureux Olivier, étendu sur une table au milieu de la salle d'audience, et tel qu'il avait été retiré de terre. L'interrogatoire commença. Baudouin répéta avec fermeté son accusation : les deux criminels, certains qu'on ne peut produire ni preuves, ni témoins contr'eux, nient le forfait avec audace. Ils accusent à leur tour Baudouin comme calomniateur, et appellent sur lui la rigueur des lois. La foule immense qui remplit la salle, attend avec impatience, l'éclaircissement de ces singuliers débats. Enfin Baudouin, pressé par le président, de présenter au tribunal les témoins et les preuves du crime, reprend la parole; il invoque l'ombre d'Olivier, il montre le cadavre sanglant, et cherche par cette preuve à faire trembler les assassins; mais dénué de témoignage, il sent qu'un miracle seul peut éclairer les juges. Il s'adresse donc avec confiance à l'être suprême, et lui demande qu'il permette que la mort abandonne un moment ses droits : « Grand Dieu, res» suscite un instant Olivier, s'écrie» t-il, et daigne mettre ta parole dans » sa bouche. »

Le silence le plus profond succéda à cette étrange évocation, les yeux se fixèrent sur le cadavre; et chacun adoptant ou repoussant l'idée d'un miracle, attendait l'effet de ce moyen extraordinaire. Les accusés pâles et interdits paraissaient perdre de leur fermeté. Baudouin seul restait calme et serein. Mais tout-à-coup, ô prodige! le visage pâle et verdâtre d'Olivier reprend quelque couleur, ses lèvres se raniment, ses yeux se rouvrent, son sang se réchauffe, et s'élance par jets sur les deux assassins, qui poussent des cris affreux, et tout couverts de ce sang accusateur, entrent dans des convulsions horribles auxquelles succèdent un froid engourdissement. Cependant le corps d'Olivier est entièrement ranimé; il se lève sur son séant, tourne les yeux sur l'assemblée, comme quelqu'un qui sort d'un profond sommeil, et qui cherche à rappeler ses idées. Ses yeux rencontrèrent ceux de Baudouin; et sa bouche sourit d'un air mélancolique; puis, tournant ses regards sur les deux criminels, il s'agite avec fureur, et un long gémissement s'échappe de sa poitrine déchirée. Il parle enfin, et, d'une voix sonore, il annonce que Dieu lui permet de confondre les coupables; il dévoile leurs complots, il raconte comment ils l'ont assassiné, après avoir entrepris vainement de lui faire signer la fausse lettre. Il fait connaître tous les détails du crime, de quelle manière Baudouin en a été instruit, et comment, guidé par lui-même, il est parvenu à mettre au jour le forfait.

» Il est encore d'autres témoins,
» dit-il en étendant le bras vers les
» juges; voyez cette main déchirée,
» et les cheveux qu'elle renferme; ce
» sont ceux du barbare Lalonde.
» Lorsque ces deux tigres me traî-

» naient expirant, au pied de l'arbre,
» où ils se proposaient de cacher mon
» cadavre, la nature faisant en moi
» un dernier effort, se ranima un
» moment, je saisis d'une main les
» cheveux de Lalonde, et de l'autre,
» le bras de Piétreville, où mes doigts
» s'enfoncèrent tellement que le scélé-
» rat en porte encore la marque ter-
» rible; pour Lalonde, voyant qu'au-
» cune puissance ne pouvait me faire
» lâcher ses cheveux, il pria son ami
» de les lui couper avec des ciseaux
» qu'il portait sur lui. Baudouin, ap-
» proche; c'est à toi que je remets ces
» témoins muets. Non contens de ce
» meurtre abominable, les lâches se
» sont encore emparés de l'argent que
» je portais et de quatre médailles; ils
» en ont chacun deux sur eux en ce
» moment. ».

» Voilà, juges et concitoyens, ce

» que j'avais à dire. La mort rede-
» mande sa proie ; la nature ne peut
» souffrir plus long-temps que son
» ordre soit troublé. Mon corps va se
» rendre au néant et mon âme à sa
» destination. »

A mesure qu'Olivier prononçait ces derniers mots d'une voix faible et languissante, on voyait son corps se flétrir, son visage se décolorer, son œil s'éteindre ; il retomba enfin dans l'état de mort, dont une main puissante venait de le retirer. Un engourdissement profond, une froide stupeur s'étaient emparés de l'assemblée à la vue de ce prodige ; mais bientôt des cris d'indignation succédèrent au plus morne silence. Tous les indices donnés par Olivier, furent vérifiés et trouvés véritables. Les scélérats furent condamnés au dernier supplice, et traînés sur l'échafaud, où ils expirèrent chargés de malédictions.

Olivier vengé, apparut à Baudouin, sous la forme aérienne que nous donnons aux anges de lumière. Il engagea son ami à épouser la charmante Appolline; et le vengeur d'Olivier devint aisément son successeur. Le père d'Appolline mourut de chagrin d'avoir vu son fils monter sur l'échafaud. Sa mort laissa sa fille libre de contracter un mariage auquel ses autres parens l'engageaient vivement. Les deux époux vinrent s'établir à Paris; leur union fut heureuse, et Olivier, sans cesse présent aux yeux de Baudouin, lui servit de guide jusqu'à la mort.

SPECTRES

QUI EXCITENT LA TEMPÊTE

Le prince de Radziville, dans son *Voyage de Jérusalem*, raconte une chose fort singulière dont il a été le témoin :

Il avait acheté en Égypte deux *momies*, l'une d'homme, l'autre de femme, et les avait enfermées secrètement dans des caisses qu'il fit mettre dans son vaisseau, lorsqu'il s'embarqua à Alexandrie pour revenir en Europe. Il n'y avait que lui et deux domestiques qui le sussent, parce que les Turcs ne permettent que difficilement qu'on emporte ces momies, croyant que les chrétiens s'en servent pour des opérations magiques. Lorsqu'on fut en mer, il s'éleva une tempête qui revint à plusieurs reprises avec tant de violence, que le pilote désespérait de sauver son vaisseau. Tout le monde était dans l'attente d'un naufrage prochain et inévitable. Un bon prêtre polonais, qui accompagnait le prince de Radziville, récitait les prières convenables à une telle circonstance ; le prince et sa suite y répondaient. Mais, le prêtre était tourmenté, disait-il, par deux spectres (un homme et une femme), noirs et hideux, qui le harcelaient et le menaçaient de le faire mourir. On crut d'abord que la frayeur et le danger du naufrage lui avait troublé l'imagination. Le calme étant revenu, il parut tranquille ; mais la tempête recommença bientôt. Alors ces fantômes le tourmentèrent plus fort qu'auparavant, et il n'en fut délivré que quand on eût jeté les deux momies à la mer, ce qui fit en même tems cesser la tempête.

L'ESPRIT DU CHATEAU D'EGMONT.

ANECDOTE.

On lit l'anecdote qui suit dans le *Segraisiana* : « M. Patris avait suivi M. Gaston en Flandre ; il logea dans le château d'Egmont. L'heure du dîner étant venue, et étant sorti de sa chambre pour se rendre au lieu où il mangeait, il s'arrêta en passant à la porte d'un officier de ses amis, pour le prendre avec lui. Il heurta assez fort. Voyant que l'officier ne venait pas, il frappa une seconde fois, en l'appelant par son nom. L'officier ne répondit point. Patris ne doutant pas qu'il ne fut dans sa chambre, parce que la clef était à la porte, ouvrit, et vit en entrant son ami assis devant une table et comme hors de lui-même ».

Il s'approcha de fort près et lui demanda ce qu'il avait? L'officier revenant à lui, dit à son ami: «Vous ne se-
» riez pas moins surpris que je le suis,
» si vous aviez vu comme moi ce livre
» changer de place, et les feuillets se
» tourner d'eux-mêmes ». C'était le livre de Cardan sur la subtilité. —
« Bon ! dit Patris, vous vous moquez;
» vous aviez l'imagination remplie de
» ce que vous venez de lire, vous vous
» êtes levé de votre place, vous avez
» mis vous-même le livre à l'endroit
» où il est, vous êtes revenu ensuite à
» votre fauteuil, et ne trouvant plus
» votre livre auprès de vous, vous avez
» cru qu'il était allé là tout seul. Ce
» que je vous dis est très-vrai, reprit

» l'officier, et pour marque que ce » n'est pas une vision, c'est que la » porte que voilà s'est ouverte et re- » fermée, et c'est par-là que l'es- » prit s'est retiré (1)..... » Patris alla ouvrir cette porte qui donnait sur une galerie assez longue, au bout de laquelle il y avait une grande chaise de bois, si pesante que deux hommes pouvaient à peine la porter. Il remarqua que cette chaise s'agitait, quittait sa place et venait vers lui comme soutenue en l'air. Patris un peu étonné, s'écria : —« Monsieur le diable, les inté- » rêts de Dieu à part, je suis bien votre » serviteur, mais je vous prie de ne pas » me faire peur davantage ». Et la chaise retourna à la même place d'où elle était venue. — Cette aventure fit

---

(1) Cet esprit était donc matériel.

une forte impression sur Patris, et ne contribua pas peu à le faire devenir dévôt.

LE VAMPIRE HARPPE

Un homme, qui s'appelait Harppe, ordonna à sa femme de le faire enterrer, après sa mort, devant la porte de sa cuisine, afin que delà il put mieux voir ce qui se passait dans sa maison. La femme exécuta fidèlement ce qu'il lui avait ordonné; et après la mort de Harppe on le vit souvent dans le voisinage, qui tuait les ouvriers, et molestait tellement les voisins, que personne n'osait plus demeurer dans les maisons qui entouraient la sienne.

Un nommé Olaüs Pa fut assez hardi pour attaquer ce spectre, il lui porta un grand coup de lance, et laissa l'arme dans la blessure. Le spectre disparut, et le lendemain, Olaüs fit ouvrir le tombeau du mort; il trouva sa lance dans le corps de Harppe, au même endroit où il avait frappé le fantôme. Le cadavre n'était pas corrompu : on le tira de son cercueil, on le brûla, on jeta ses cendres dans la mer, et on fut délivré de ses apparitions.

HISTOIRE

D'une apparition de Démons et de Spectres, en 1609.

Un gentilhomme de Silésie avait invité à un grand dîner quelques amis, qui s'excusèrent au moment du repas. Le gentilhomme, dépité de se trouver seul à dîner lorsqu'il comptait donner une fête, entra dans une grande colère et dit : » puisque personne ne veut » dîner avec moi, que tous les diables » y viennent !.....»

En achevant ces paroles, il sortit de

sa maison et entra à l'église, où le curé prêchait. Pendant qu'il écoutait le sermon, des hommes à cheval, noirs comme des nègres, et richement habillés, entrèrent dans la cour de sa maison, et dirent à ses valets d'aller l'avertir que ses hôtes étaient venus. Un valet tout effrayé courut à l'église et raconta à son maître ce qui se passait. Le gentilhomme stupéfait demanda avis au curé qui finissait son sermon. Le curé se transporta sans délibérer dans la cour de la maison où venaient d'entrer les hommes noirs. Il ordonna qu'on fît sortir toute la famille hors du logis ; ce qu'on exécuta si précipitamment qu'on laissa dans la maison un petit enfant qui dormait dans son berceau. Ces hôtes infernaux commencèrent dès-lors à remuer les tables, à hurler, à regarder par les fenêtres, en forme d'ours, de loups, de chats, d'hommes terribles, tenant en leurs mains des verres pleins de vin, des poissons, de la chaire bouillie et rôtie.

Pendant que les voisins, le curé et un grand nombre d'assistans contemplaient avec frayeur un tel spectacle, le pauvre gentilhomme commença à crier : « Hélas ! où est mon pauvre » enfant ? » Il avait encore le dernier mot à la bouche, lorsqu'un de ces hommes noirs apporta l'enfant à la fenêtre. Le gentilhomme éperdu dit à l'un de ses plus fidèles serviteurs : « Mon » ami, que dois-je faire ? » - « Mon- » sieur, répondit le valet, je recom- » manderai ma vie à Dieu, j'entrerai » en son nom au logis, d'où moyen- « nant sa faveur et son secours, je » vous rapporterai l'enfant. » - « A la » bonne heure, dit le maître, que

» Dieu t'accompagne, t'assiste et te
» fortifie. »

Le serviteur, ayant reçu la bénédiction de son maître, du curé et des autres gens de bien qui l'accompagnaient, entra au logis; et s'étant recommandé à Dieu, il ouvrit la porte de la salle où étaient ces hôtes ténébreux. Tous ces monstres, d'horrible forme, les uns debout, les autres assis, quelques-uns se promenant, d'autres rampant sur le plancher, accoururent vers lui et lui crièrent : » *Hui!, hui!,* » *que viens tu faire céans?* » Le serviteur plein d'effroi, et néanmoins fortifié de Dieu, s'adressa au malin qui tenait l'enfant, et lui dit : « Çà, donne-» moi cet enfant. Non pas, répondit » l'autre; il est à moi. Va dire à ton » maître qu'il vienne le recevoir. » Le serviteur insiste et dit : « Je fais » mon devoir. Ainsi au nom et par

» l'assistance de Jésus-Christ, je t'ar-
» rache cet enfant que je dois rendre à
» son père. » En disant ces mots, il saisit l'enfant, puis le serre étroitement entre ses bras. Les hommes noirs ne répondent que par des cris effroyables et par ces menaces : « Ah!, méchant,
» ah!, garnement, laisse cet enfant ;
» autrement nous t'allons dépecer. »
Mais lui, méprisant leur colère, sortit sain et sauf, et remit l'enfant aux mains du gentilhomme son père. Quelques jours après, tous ces hôtes s'évanouirent; et le gentilhomme, devenu sage et bon chrétien, retourna en sa maison.

SPECTRES

QUI VONT EN PÉLERINAGE.

Pierre d'Engelbert, (qui fut depuis abbé de Cluni), ayant envoyé un de ses gens, nommé Sanche, auprès du roi d'Arragon, pour le servir à la guerre; cet homme revint au bout de quelques années, en fort bonne santé, chez son maître; mais peu de tems après son retour, il tomba malade et mourut.

Quatre mois plus tard, un soir que Pierre d'Engelbert était couché, et qu'il faisait un beau clair de lune, Sanche entra dans la chambre de son maître, couvert de haillons; il s'approcha de la cheminée et se mit à découvrir

le feu, comme pour se chauffer, ou se se faire mieux distinguer. Pierre apercevant quelqu'un, demanda qui était là ? « Je suis Sanche, votre ser-
» viteur, répondit le spectre, d'une
» voix cassée et enrouée. » — « Et que
» viens-tu faire ici ? » — Je vais en
» Castille, avec quantité d'autres
» gens-d'armes, afin d'expier le mal
» que nous avons fait pendant la
» dernière guerre, au même lieu où
» il a été commis. En mon particu-
» lier, j'ai pillé les ornemens d'une
» église, et je suis condamné pour
» cela à y faire un pélerinage. Vous
» pouvez beaucoup m'aider par vos
» vos bonnes-œuvres ; et madame
» votre épouse, qui me doit encore
» huit sols, du reste de mon salaire,
» m'obligera infiniment de les donner
» aux pauvres en mon nom. — Puis-
» que tu reviens de l'autre mond,

» donnes-moi des nouvelles de Pierre
» Defais, mort depuis peu de tems ?
» — Il est sauvé. — Et Bernier, notre
» concitoyen ? — Il est damné, pour
» s'être mal acquitté de son office
» de juge, et pour avoir pillé la
» veuve et l'innocent. — Et Al-
» phonse, roi d'Arragon, mort de-
» puis deux années ? » Alors un autr
spectre, que Pierre d'Engelbert n'avait
pas vu encore, mais qu'il distingua alors,
assis dans l'embrasure de sa fenêtre,
prit la parole et dit : — « Ne lui de-
» mandez pas de nouvelles du roi Al-
» phonse, il ne peut vous en dire,
» il n'y a pas assez long-tems qu'il est
» avec nous pour en savoir ; mais
» moi, qui suis mort depuis cinq ans,
» je peux vous en apprendre quelque
» chose. Alphonse a été avec nous
» pendant quelques tems : mais *les*
» *moines de Cluni l'en ont tiré*, et je

» ne sais où il est à présent. » En même tems le spectre se levant, dit à Sanche : — « Allons, il est tems de » partir : suivons nos compagnons. » Là-dessus Sanche renouvella ses instances à son seigneur, et les deux fantômes sortirent.

Après leur départ, Pierre d'Engelbert réveilla sa femme, qui, quoiqu'elle fut couchée auprès de lui, n'avait rien vu, ni rien entendu de tout ce qui s'était passé. Elle avoua qu'elle devait huit sols à Sanche, ce qui prouva que le spectre avait dit vrai. Les deux époux suivirent les intentions du défunt. Ils donnèrent beaucoup aux pauvres, et firent dirent un grand nombre de messes et de prières pour l'âme du pauvre Sanche qui ne revint plus.

HISTOIRE D'UNE DAMNÉE

QUI REVINT APRÈS SA MORT.

Dans une ville du Pérou, une fille de seize ans, nommée Catherine, mourut tout à coup, chargée de péchés et coupable de plusieurs sacriléges. Du moment qu'elle eut expiré, son corps se trouva tellement infecté, qu'on ne put le garder dans la maison, et qu'il fallut le mettre en plein air, pour se délivrer un peu de la mauvaise odeur.

Aussitôt on entendit des hurlemens semblables à ceux de plusieurs chiens. Le cheval de la maison, auparavant fort doux, commença à ruer, à s'agiter, à frapper des pieds, et à chercher à rompre ses liens, comme si quelqu'un l'eût tourmenté et battu violemment.

Quelques momens après un jeune homme qui était couché, et qui dormait tranquillement, fut tiré fortement par le bras et jeté hors de son lit. Le même jour une servante reçut un coup de pied sur l'épaule, sans voir qui le lui donnait et elle en garda la marque plusieurs semaines.

On attribua toutes ces choses à la méchanceté de la défunte Catherine, et on se hâta de l'enterrer, dans l'espérance qu'elle ne reviendrait plus. Mais au bout de quelques jours, on entendit un grand bruit, causé par des tuiles et des briques qui se cassaient. L'esprit entra invisiblement et en plein jour dans une chambre où était la maîtresse et tous les gens de la maison ; il prit par le pied la même servante qu'il avait déjà frappée, et la traîna dans la chambre, à la vue de tout le monde, sans qu'on pût voir celui qui la maltraitait ainsi.

Cette pauvre fille, qui semblait être la victime de la défunte, allant le lendemain prendre quelques habits dans une chambre haute, apperçut Catherine, qui s'élevait sur la pointe de ses pieds pour attraper un vase posé sur une corniche. La fille se sauva aussitôt, mais le spectre s'étant emparé du vase, la poursuivit et le lui jeta avec force. La maîtresse ayant entendu le coup, accourut, vit la servante toute tremblante, le vase cassé en mille pièces, et reçut pour sa part un coup de brique qui ne lui fit heureusement aucun mal.

Le lendemain la famille étant rassemblée, on vit un crucifix, solidement attaché contre le mur, se détacher comme si quelqu'un l'eut arraché avec violence, et se briser en trois morceaux. On prit le parti de faire exorciser l'esprit, qui continua longtems ses méchancetés, et dont on eût beaucoup de peine à se débarrasser.

LE TRÉSOR DU DIABLE.

CONTE NOIR.

Deux chevaliers de Malte avaient un esclave, qui se vantait de posséder le secret d'évoquer les démons et de les obliger de lui découvrir les choses les plus cachées. Ses maîtres le menèrent dans un vieux château où l'on croyait qu'il y avait des trésors enfouis.

L'esclave resté seul, fit ses évocations et enfin le démon ouvrit un rocher et en fit sortir un coffre. L'esclave voulut s'en emparer, mais le coffre rentra aussitôt dans le rocher. La même chose se renouvella plus d'une fois ; et l'esclave après de vains efforts, vint dire aux deux chevaliers ce qui lui était arrivé ; il était tellement affaibli par les efforts qu'il avait fait, qu'il demanda un peu de liqueur pour se fortifier ; on lui en donna et il retourna à l'endroit du trésor.

Quelque tems après, on entendit du bruit ; on descendit dans la caverne avec de la lumière, on trouva l'esclave mort, et ayant tout le corps percé comme de coups de canif, représentant une croix. Il en était si chargé qu'il n'y avait pas un endroit où poser le doigt sans en rencontrer. Les chevaliers portèrent le cadavre au bord de la mer et l'y précipitèrent avec une grosse pierre au cou, afin qu'on ne pût rien soupçonner de cette aventure.

HISTOIRE DE L'ESPRIT

QUI APPARUT A DOURDANS.

M. Vidi, receveur des tailles à Dourdans, écrivit à un de ses amis l'histoire d'une apparition singulière qui eut lieu dans sa maison en 1700. Cette lettre fut conservée par M. Barré, Auditeur des comptes, et publiée par Lenglet-Dufresnoy, dans son Recueil de Dissertations sur les apparitions. La voici :

» L'esprit commença à faire du bruit dans une chambre peu éloignée de celle où nous mettons nos serviteurs atteints de maladie. Notre servante entendait quelquefois auprès d'elle pousser des soupirs semblables à ceux d'une personne qui souffre ; cependant elle ne voyait ni ne sentait rien.

» Le malheur voulut qu'elle tomba malade. Nous la gardâmes six mois en cet état, et lorsqu'elle fut convalescente, nous l'envoyâmes chez son père pour respirer l'air natal : elle y resta environ un mois ; pendant ce tems elle ne vit et n'entendit rien d'extraordinaire. Etant revenue ensuite en bonne santé, nous la fîmes coucher dans une chambre voisine de la nôtre. Elle se plaignit d'avoir entendu du bruit, et deux ou trois jours après, étant dans le bûcher où elle allait chercher du bois, elle se sentit tirer par la juppe. L'après dîner du même jour, ma femme l'envoya au salut : lorsqu'elle sortit de l'église, elle sentit que l'esprit la tirait si fort qu'elle ne pouvait avancer. Une heure après, elle revint au logis, et en entrant dans notre chambre, elle fut tirée d'une telle force, que ma femme en entendit le bruit; et nous remarquâmes, lorsqu'elle fut entrée, que les agraffes de sa juppe étaient rompues. Ma femme voyant ce prodige en frémit de peur.

» La nuit du dimanche suivant, aussitôt que cette fille fut couchée, elle entendit marcher dans sa chambre; et quelque tems après, l'esprit se coucha auprès d'elle, lui passa sur le visage une main très-froide, comme pour lui faire des caresses. Alors la fille prit son chapelet qui était dans sa poche et le mit en travers de sa gorge. Nous lui avions dit, les jours précédens, que si elle continuait à entendre quelque chose, elle conjurât l'esprit de la part de Dieu, de s'expliquer sur ce qu'il demandait. Elle fit mentalement ce que nous lui avions recommandé, car l'excès de la peur lui avait ôté la parole. Elle entendit alors marmotter des sons non articulés. Vers les trois à quatre heures du matin, l'esprit fit un si grand bruit, qu'il semblait que la maison fut tombée. Cela nous réveilla tous en même tems. J'appelai une femme de chambre pour aller voir ce que c'était, croyant que la servante avait fait ce bruit, à cause de la peur qu'elle avait eue. On la trouva toute en eau. Elle voulut s'habiller; mais elle ne put trouver ses bas. Elle vint dans cet état dans notre chambre. Je vis une sorte de brouillard ou de grosse fumée qui la suivait, et qui disparut un moment après. Nous lui conseillâmes de se mettre en bon état, d'aller à confesse et de communier, aussitôt que la messe de cinq heures sonnerait. Elle alla de nouveau chercher ses bas, qu'elle apperçut enfin dans la ruelle du lit, tout au haut de la tapisserie; elle les fit tomber avec un long bâton. L'esprit avait aussi porté ses souliers sur la fenêtre.

» Lorsqu'elle fût remise de ses frayeurs, elle alla à confesse et communia. Je lui demandai à son retour ce qu'elle avait vu. Elle me dit que sitôt qu'elle s'etait approchée de la sainte table pour communier, elle avait apperçu tout près d'elle sa mère qui était morte depuis onze ans. Après la communion, elle s'était retirée dans une chapelle, où elle ne fut pas plutôt entrée, que sa mère se mit à genoux devant elle, et lui prit les mains en lui disant : « Ma fille, n'ayez point de peur;
» je suis votre mère. Votre frère fut
» brûlé par accident, pendant que
» j'étais au four à Ban d'Oisonville,

» proche d'Estampe. J'allai aussitôt
» trouver M. le curé de Garancières,
» qui vivait saintement, pour lui de-
» mander une pénitence, croyant que
» ce malheur était causé par ma faute.
» Il me répondit que je n'étais pas
» coupable, et me renvoya à Chartres
» au pénitencier. Je l'allai trouver; et
» comme je m'obstinais à demander
» une pénitence, celle qu'il m'imposa
» fut de porter pendant deux ans une
» ceinture de crin ; ce que je n'ai pu
» exécuter, à cause de mes grossesses
» et autres maladies ; étant morte
» enflée sans l'avoir pu faire, ne vou-
» lez-vous pas bien, ma fille, accom-
» plir pour moi cette pénitence ». La
fille le lui promit. La mère la chargea encore de jeûner au pain et à l'eau pendant
quatre vendredis et samedis, de faire
dire une messe à Gomberville, de payer

au nommé Lânier, mercier, vingt-six sous qu'elle lui devait pour du fil qu'il lui avait vendu, et d'aller dans la cave de la maison où elle était morte : « vous » y trouverez, ajouta-t-elle, la somme » de sept livres, que j'y ai mises sous » la troisième marche. Faites aussi un » voyage à Chartres, à la bonne Notre-» Dame, que vous prierez pour moi. Je » vous parlerai encore une fois ». Elle fit ensuite beaucoup de remontrances à sa fille, lui disant surtout de bien prier la Sainte Vierge; que dieu ne lui refuserait rien ; que les pénitences de ce monde étaient aisées à faire ; mais que celles de l'autre étaient bien rudes.

» Le lendemain la servante fit dire une messe, pendant laquelle l'esprit lui tirait son chapelet. Il lui passa le même jour la main sur le bras, comme pour la flatter. Pendant deux jours de suite, elle le vit à côté d'elle.

» Je crus qu'il fallait qu'elle s'acquittât au plutôt de ce dont sa mère l'avait chargée; c'est pourquoi, je l'envoyai, par la première occasion, à Gomberville, où elle fit dire une messe, paya les vingt-six sous qui étaient effectivement dus, et trouva les sept livres sous la troisième marche de la cave, comme l'esprit l'avait dit. Delà, elle se rendit à Chartres, où elle fit dire trois messes, se confessa et communia dans la chapelle basse.

» Lorsqu'elle sortit, sa mère lui apparut pour la dernière fois et lui dit :
» Ma fille, puisque vous voulez bien
» faire tout ce que je vous ai dit, je
» je m'en décharge et vous en charge
» à ma place. Adieu : je m'en vais à
» la gloire éternelle ».

» Depuis ce tems, la fille n'a plus

rien vu ni entendu. Elle porte la ceinture de crin nuit et jour; ce qu'elle continuera pendant les deux ans que sa mère lui a recommandé de le faire.

LES AVENTURES
DE THIBAUD DE LA JACQUIÈRE.

PETIT ROMAN.

Un riche marchand de Lyon, nommé Jacques de la Jacquière, devint prévôt de la ville, à cause de sa probité et des grands biens qu'il avait acquis sans faire tache à sa réputation. Il était charitable envers les pauvres et bienfaisant envers tous.

Thibaud de la Jacquière, son fils unique, était d'humeur différente. C'était un beau garçon, mais un mauvais garnement, qui avait appris à casser les vitres, à séduire les filles et à ju-

rer avec les hommes-d'armes du roi, qu'il servait en qualité de guidon. On ne parlait que des malices de Thibaud, à Paris, à Fontainebleau et dans les autres villes où séjournait le roi. Un jour, ce roi, qui était François Ier., scandalisé lui-même de la mauvaise conduite du jeune Thibaud, le renvoya à Lyon, afin qu'il se réformât un peu dans la maison de son père. Le bon prévôt demeurait alors au coin de la place Bellecour. Thibaud fut reçu dans la maison paternelle avec beaucoup de joie. On donna pour son arrivée un grand festin aux parens et aux amis de la maison. Tous burent à sa santé et lui souhaitèrent d'être sage et bon chrétien. Mais ces vœux charitables lui déplurent. Il prit sur la table une tasse d'or, la remplit de vin et dit :
« Sacré mort du grand diable ! je lui
» veux bailler, dans ce vin, mon sang

» et mon âme, si jamais je deviens plus » homme de bien que je le suis. » Ces paroles firent dresser les cheveux à la tête de tous les convives. Ils firent le signe de la croix, et quelques-uns se levèrent de table. Thibaud se leva aussi et alla prendre l'air sur la place Bellecour, où il trouva deux de ses anciens camarades, mauvais sujets comme lui. Il les embrassa, les fit entrer chez son père et se mit à boire avec eux. Il continua de mener une vie qui navra le cœur du bon prevôt. Il se recommanda à Saint-Jacques, son patron, et porta devant son image un cierge de dix livres, orné de deux anneaux d'or chacun du poids de cinq marcs. Mais en voulant placer le cierge sur l'autel, il le fit tomber, et renversa une lampe d'argent qui brûlait devant le saint. Il tira de ce double accident un mauvais présage et s'en retourna tristement chez lui.

Ce jour-là, Thibaud régala encore ses amis; et lorsque la nuit fut venue, ils sortirent pour prendre l'air sur la place Bellecour et se promenèrent par les rues, comptant y trouver quelque bonne fortune. Mais la nuit était si épaisse, qu'ils ne rencontrèrent ni fille ni femme. Thibaud, impatienté de cette sollitude, s'écria, en grossissant sa voix : « Sacrée mort du grand dia-
» ble ! je lui baille mon sang et mon
» âme, que si la grande diablesse, sa
» fille, venait à passer, je la prierais
» d'amour, tant je me sens échauffé
» par le vin. » Ces propos déplurent aux amis de Thibaut, qui n'étaient pas d'aussi grands pécheurs que lui; et l'un d'eux lui dit : « Notre ami,
» songez que le diable étant l'ennemi

» des hommes. Il leur fait assez de » mal, sans qu'on l'y invite, en l'ap- » pelant par son nom. » L'incorri- gible Thibaud répondit : « Comme je l'ai dit, je le ferais. »

Un moment après, ils virent sortir d'une rue voisine une jeune dame voilée, qui annonçait beaucoup de charmes et de jeunesse. Un petit nègre la suivait. Il fit un faux pas, tomba sur le nez et cassa sa lanterne. La jeune dame parut fort effrayée, et ne sachant quel parti prendre. Thibaud se hâta de l'acoster, le plus poliment qu'il put, et lui offrit son bras, pour la recon- duire chez elle. L'inconnue accepta, après quelques façons, et Thibaud se retournant vers ses amis, leur dit à demi-voix : « Vous voyez que celui » que j'ai invoqué ne m'a pas fait at- » tendre; ainsi, bon soir. » Les deux amis comprirent ce qu'il voulait dire, et se retirèrent en riant.

Thibaud donna le bras à sa belle, et le petit nègre, dont la lanterne s'était éteinte allait devant eux. La jeune dame paraissait d'abord si troublée, qu'elle ne se soutenait qu'avec peine, mais elle se rassura peu-à-peu, et s'appuya plus franchement sur le bras de son cavalier. Quelquefois même, elle faisait des faux pas et lui serrait le bras pour ne pas tomber. Alors Thibaud, empressé de la retenir, lui posait la main sur le cœur, ce qu'il faisait pourtant avec discrétion pour ne pas l'effaroucher.

Ils marchèrent si long-tems, qu'à la fin il semblait à Thibaud qu'ils s'étaient égarés dans les rues de Lyon. Mais il en fut bien aise, car il lui parut qu'il en aurait d'autant meilleur marché de la belle égarée. Cependant, comme il était curieux de savoir à qui il avait affaire, et qu'elle paraissait fatiguée, il la pria de vouloir bien s'asseoir sur un banc de pierre, que l'on entrevoyait auprès d'une porte. Elle y consentit ; et Thibaud, s'étant assis auprès d'elle, lui prit la main d'un air galant et la pria avec beaucoup de politesse de lui dire qui elle était. La jeune dame parut d'abord intimidée; elle se rassura pourtant, et parla en ces termes :

« Je me nomme Orlandine; au moins, c'est ainsi que m'appelaient les personnes qui habitaient avec moi le château de Sombre, dans les Pyrénées. Là, je n'ai vu d'autres humains que ma gouvernante qui était sourde, une servante qui bégayait si fort qu'autant aurait valu qu'elle fut muette, et un vieux portier qui était aveugle. Ce portier n'avait pas beaucoup à faire ; car il n'ouvrait la porte qu'une fois par an, et cela à un monsieur qui ne venait chez nous que pour me prendre par le menton, et pour parler à ma duègne, en langue biscayenne que je ne sais point. Heureusement je savais parler lorsqu'on m'enferma au château de Sombre, car je ne l'aurais surement point appris des deux compagnes de ma prison. Pour ce qui est du portier, je ne le voyais qu'au moment où il nous passait notre dîner à travers la grille de la seule fenêtre que nous eussions. A la vérité, ma sourde gouvernante me criait souvent aux oreilles je ne sais quelles leçons de morale; mais je les entendais aussi peu que si j'eusse été aussi sourde qu'elle, car elle me parlait des devoirs du mariage, et ne me disait pas ce que c'était que le mariage. Souvent aussi ma servante bègue s'efforçait de me conter quelque histoire qu'elle m'assurait être fort drôle, mais ne pouvant jamais aller jusqu'à la seconde phrase, elle était obligée d'y renoncer, et s'en allait en me bégayant des excuses, dont elle se tirait aussi mal que de son histoire.

» Je vous ai dit qu'il y avait un monsieur qui venait me voir une fois tous les ans. Quand j'eus quinze ans, ce monsieur me fit monter dans un carrosse avec ma duègne. Nous n'en sortîmes que le troisième jour, ou plutôt la troisième nuit; du moins la soirée était fort avancée. Un homme ouvrit la portière et nous dit : « Vous voici sur la place Bellecour; » et voilà la maison du prévôt, » Jacques de la Jacquière. Où voulez-» vous qu'on vous conduise ? » — » Entrez sous la première porte co-» chère, après celle du prévôt, repon-» dit ma gouvernante. » Ici le jeune Thibaud devint plus attentif, car il était réellement le voisin d'un gentilhomme, nommé le seigneur de Sombre, qui passait pour être d'un naturel très-jaloux. Nous entrâmes donc, continua Orlandine, sous une porte cochère; et l'on me fit monter dans de grandes et belles chambres, ensuite, par un escalier tournant, dans une tourelle fort haute, dont les fenêtres étaient bouchées avec un drap vert très-épais. Au reste, la tourelle était bien éclairée. Ma duègne m'ayant fait asseoir sur un siége, me donna son chapelet pour m'amuser, et sortit en fermant la porte à double tour.

» Lorsque je me vis seule, je jettai mon chapelet, je pris des ciseaux que j'avais à ma ceinture, et je fis une ouverture dans le drap vert qui bouchait la fenêtre. Alors je vis, à travers une autre fenêtre d'une maison voisine, une chambre bien éclairée où soupaient trois jeunes cavaliers et trois jeunes filles. Ils chantaient, buvaient, riaient et s'embrassaient.... » Orlandine donna encore d'autres détails auxquels. Thibaud faillit d'étouffer de rire ; car il s'agissait d'un soupé qu'il avait fait la veille avec ses deux amis et trois demoiselles de la ville. « J'étais fort attentive à tout ce qui se passait, reprit Orlandine, lorsque j'entendis ouvrir ma porte ; je me remis aussitôt à mon chapelet, et ma duègne entra. Elle me prit encore par la main, sans me rien dire, et me fit remonter en carrosse. Nous arrivâmes, apres une longue course, à la dernière maison du faubourg. Ce n'était qu'une cabane, en apparence, mais l'intérieur en est magnifique ; comme vous le verrez, si le petit nègre en fait le chemin, car je vois qu'il a trouvé de la lumière et rallumé sa lanterne. »

» Belle égarée, interrompit Thibaud, en baisant la main de la jeune dame, faites-moi le plaisir de me dire si vous habitez seule cette petite maison. » — « Oui, seule, reprit la dame, avec ce petit nègre et ma gouvernante. Mais je ne pense pas qu'elle puisse y revenir ce soir. Le monsieur qui m'a fait conduire la nuit dernière dans cette chaumière, m'envoya dire, il y a deux heures, de le venir trouver chez une de ses sœurs; mais comme il ne pouvait envoyer son carrosse qui était allé chercher un prêtre, nous y allions à pied. Quelqu'un nous a arrêtés pour me dire qu'il me trouvait jolie; ma duègne, qui est sourde, crut qu'il m'insultait, et lui répondit des injures. D'autres gens sont survenus et se sont mêlés de la querelle. J'ai eu peur, et j'ai pris la fuite : le petit nègre a couru après moi; il est tombé, sa lanterne s'est brisée; et c'est alors, monsieur, que j'ai eu le bonheur de vous rencontrer. »

Thibaud allait répondre quelque galanterie, lorsque le petit nègre vint avec sa lanterne allumée. Ils se remirent en marche et arrivèrent, au bout du faubourg, à une chaumière isolée, dont le petit nègre ouvrit la porte avec une clé qu'il avait à sa ceinture. L'intérieur était fort orné, et parmi les meubles précieux, on remarquait surtout des fauteuils en velours de Gênes, à franges d'or, et un lit en moire de Venise. Mais tout cela n'occupait guère Thibaut; il ne voyait que la charmante Orlandine.

Le petit nègre couvrit la table et prépara le souper. Thibaud s'aperçut alors que ce n'était pas un enfant, comme il l'avait cru d'abord, mais une espèce de vieux nain tout noir

et de la plus laide figure. Ce petit nain apporta, dans un bassin de vermeil, quatre perdrix appétissantes et un flacon d'excellent vin. Aussitôt on se mit à table. Thibaud n'eut pas plutôt bu et mangé, qu'il lui sembla qu'un feu surnaturel circulait dans ses veines. Pour Orlandine, elle mangeait peu et regardait beaucoup son convive, tantôt d'un regard tendre et naïf, et tantôt avec des yeux si plein de malice, que le jeune homme en était presque embarrassé. Enfin le petit nègre vint ôter la table. Alors Orlandine prit Thibaud par la main et lui dit : « Beau
» cavalier, à quoi voulez-vous que
» nous passions notre soirée ?... Il me
» vient une idée : voici un grand mi-
» roir, allons y faire des mines, comme
« j'en faisais au château de Sombre.
» Je m'y amusais à voir que ma gou-
» vernante était faite autrement que

» moi; à présent, je veux savoir si je
» ne suis pas autrement faite que
» vous. » Orlandine plaça deux chaises devant le miroir; après quoi, elle détacha la fraise de Thibaud et lui dit : — « Vous avez le cou fait à-
» peu-près comme le mien, les épau-
» les aussi; mais pour la poitrine,
» quelle différence ! La mienne était
» comme cela l'année dernière; mais
» j'ai tant engraissé, que je ne me re-
» connais plus. Otez donc votre cein-
» ture...., votre pourpoint...., pour-
» quoi toutes ces aiguillettes ?.... »

Thibaud, ne se possédant plus, porta Orlandine sur le lit de moire de Venise, et se crut le plus heureux des hommes..... Mais ce bonheur ne fut pas de longue durée...... Le malheureux Thibaud sentit des griffes aigues qui s'enfonçaient dans ses reins..... Il appela Orlandine! Orlandine n'était plus dans ses bras..... Il ne vit à sa place qu'un horrible assemblage de formes hideuses et inconnues..... « Je ne suis point Orlandine, dit le monstre, d'une voix formidable, je suis *Belzébut !*..... » Thibault voulut prononcer le nom de *Jésus*. Mais le diable, qui le devina, lui saisit la gorge avec les dents, et l'empêcha de prononcer ce nom sacré......

Le lendemain matin des paysans qui allaient vendre leurs légumes au marché de Lyon, entendirent des gémissemens, dans une masure abandonnée, qui était près du chemin et servait de voirie. Ils y entrèrent et trouvèrent Thibaud couché sur une charogne à demi-pourrie....Ils le placèrent sur leurs paniers et le portèrent ainsi chez le prévôt de Lyon. Le malheureux de la Jacquière reconnut son fils..... Thibaut fut mis dans un lit, où bientôt il parut reprendre quelque connaissance. Alors il dit d'une voix faible : « Ouvrez à ce saint ermite. » D'abord on ne le comprit pas ; mais enfin on ouvrit la porte et on vit entrer un vénérable religieux qui demanda qu'on le laissa seul avec Thibaud. On entendit long-tems les exhortations de l'ermite, et les soupirs du malheureux jeune homme. Lorsqu'on n'entendit plus rien, on entra dans la chambre. L'ermite avait disparu, et l'on trouva Thibaud mort sur son lit, avec un crucifix entre les mains....

SPECTRE

QUI DEMANDE VENGEANCE.

CONTE NOIR.

Dans le treizième siècle, le comte de Belmonte (dans le Montferrat), conçut un amour violent pour la fille d'un de ses serfs. Elle se nommait Abélina. Il devait jouir sur elle du droit de seigneur ; mais on ne se pressait pas de la marier, et sa flamme impatiente s'offensait de ces lenteurs.

Un jour, il rencontra à la chasse la jeune Abélina qui gardait les troupeaux de son père; il lui demanda pourquoi on ne lui donnait pas un époux ? - « Vous en êtes la cause, » Monseigneur, répondit-elle. Les » jeunes-gens ne peuvent plus souf- » frir le déshonneur et la honte du » droit que vous avez de passer avec » leurs femmes la première nuit des » noces; et nos parens ne veulent pas » non plus nous marier, jusqu'à ce » que le droit de cuissage soit aboli ».

Le seigneur de Belmonte cacha son dépit, et fit dire au père de la jeune fille qu'il demandait à le voir.

Le vieux Cecco (c'est le nom du père d'Abélina), se hâta de se rendre au chateau. La nuit arrive, et contre son usage, Cecco ne rentre pas à la maison. Minuit sonne; Cecco n'est pas revenu; serait-il mort ?.... » Au moment où sa femme et sa fille commençaient à perdre toute espérance, une ombre d'une grandeur démesurée

apparaît sans bruit au milieu de la chambre: les deux femmes épouvantées osent à peine lever les yeux. Le fantôme s'approche et leur dit : » Je suis
» l'âme de votre Cecco ».

»— O mon père ! s'écrie Abélina,
» quel barbare vous a ôté la vie ? »
» — Le tyran de Belmonte vient de
» m'assassiner, répondit le fantôme, et
» tu es la cause innocente de ma mort.
» J'allai, comme tu m'en apportais l'or-
» dre, au chateau du monstre. Plût au
» ciel que je n'en eusse jamais trouvé
» l'entrée ! Mais je ne pouvais échapper
» à ses mains cruelles. Aussitôt qu'on
» m'eût introduit dans une chambre
» un peu sombre, je mis le pied sur
» une bascule qui s'enfonça ; je tombai
» dans un puits profond, garni de
» fers tranchans : j'y laissai bientôt
» la vie, et j'ai franchi les portes de
» la redoutable éternité. J'attends ma

» sentence; je vais être jugé sur mes
» œuvres; mais je compte sur la clé-
» mence ineffable de mon Dieu, et
» ma conscience est pure. Si tu chéris
» ton père, si tu pleure sa mort, ô
» ma fille! songes à me venger, et
» à délivrer ton pays. Et toi, femme
» bien aimée, sèche tes larmes, demeu-
» re en paix. Les jours sereins s'a-
» vancent, la tyrannie va tomber......»

» Alors l'ombre devint éclatante de lumière et disparut au milieu d'un nuage, ne laissant de traces de son apparition que l'empreinte de la main qu'elle avait posé sur le dos d'une chaise. »

La prophétie du spectre s'accomplit; car peu de tems après, les paysans de Belmonte s'étant révoltés, tuèrent leur seigneur, détruisirent le village et fondèrent librement la petite ville de Nice de la Paille.

CAROLINE.

NOUVELLE.

Une jeune personne de dix-huit ans, nommée Caroline, inspira la plus violente passion à un homme d'un âge mûr; et comme à cinquante ans on est, dit-on, plus amoureux qu'à vingt, quoiqu'avec beaucoup moins de moyens de plaire, l'amant suranné obsédait sans cesse la jeune Caroline, qui était loin de répondre à ses sentimens. Elle eut le tort plus impardonnable de tourner en ridicule et de tourmenter cruellement l'homme qu'elle aurait dû se contenter d'éloigner avec froideur et décence. Au bout de trois ans de persévérance d'une part, et de mauvais traitemens de l'autre, le malheureux amant succomba à une maladie, dont son funeste amour fut en grande partie le principe.

Se sentant près de sa fin, il sollicita, pour grâce dernière, que Caroline daignât au moins venir recevoir son éternel adieu. La jeune personne refusa séchement de se rendre à cette demande. Une de ses amies qui était présente, lui dit avec douceur, qu'elle ferait bien d'accorder cette triste consolation à un infortuné qui mourait pour elle et par elle. Ses instances furent inutiles. On vint une seconde fois faire la même prière, en ajoutant que le malade demandait à voir Caroline, plus par intérêt pour elle que pour lui. Mais ce second message ne fut pas plus heureux que le premier.

L'amie de Caroline, outrée de cette dureté envers un mourant, la pressa avec plus de vivacité, et lui reprocha sa coquetterie et ses mauvais procédés envers un homme à qui elle pouvait au moins offrir en expiation, un instant de pitié. Caroline, fatiguée de ses importunités, consentit enfin d'assez mauvaise grâce, et dit : « Allons, con-
» duisez-moi donc chez votre protégé;
» mais nous n'y resterons qu'un mo-
» ment, je vous en avertis; je n'aime
» ni les mourans ni les morts. »

Les deux amies partirent enfin. Le mourant, voyant entrer Caroline, fit un dernier effort, et prenant la parole, d'une voix éteinte. « Il n'est plus tems,
» Mlle demoiselle, dit-il, vous m'avez
» refusé avec barbarie le bonheur de

» vous voir, quand je vous en ai fait
« prier; et je ne désirais que vous par-
» donner ma mort. Vous me verrez
» dorénavant plus fréquemment que
» par le passé. Souvenez-vous seule-
» ment que vous avez mis trois ans à
» me conduire douloureusement au
» tombeau.... Adieu, mademoiselle....
» A cette nuit. »

En achevant ces paroles, qu'il eut une peine infinie à prononcer, il expira.

Caroline, saisie de frayeur, s'enfuit précipitamment; et son amie employa tous les moyens possibles pour calmer son extrême agitation. Caroline la supplia de passer la nuit avec elle; on lui dressa un lit dans la même chambre. On laissa les flambeaux allumés, et les deux amies, ne pouvant dormir, s'entretinrent long-tems ensemble. Tout-à-coup, vers minuit, les lumières s'éteignent d'elles-mêmes. Caroline s'écrie avec terreur : « le voila ! le voila ! » Son amie n'entendant plus que des soupirs étouffés, suivis d'un profond silence, ranime ses forces, et sonne avec vivacité ; on accourt, on essaie de rallumer les flambeaux, mais inutilement. Au bout d'un quart d'heure, passé dans les plus mortelles angoisses, on entend l'heure ; Caroline pousse un profond soupir, comme une personne qui sort d'un long assoupissement. Les bougies se rallument d'elle-mêmes ; les gens de la maison se retirent, et Caroline dit d'une voix mourante : « Ah ! il est » parti enfin ! — Tu l'as donc vu ? — » Oui, et je ne suis que trop sûre » qu'il exécutera ses menaces. — Et » quoi ! t'aurait-il parlé ? — Voici ce » que je viens d'entendre : Pendant » trois ans, je viendrai toutes les

» nuits, passer un quart-d'heure avec
» vous. Du reste, soyez tranquille, je
» ne vous ferai aucun mal; je borne
» ma vengeance à vous forcer de voir
» chaque nuit, celui que vous avez
» conduit au tombeau par votre im-
» prudente conduite. » L'amie, peu
curieuse de voir la même scène se re-
nouveler, refusa de passer les nuits
suivantes avec Caroline, qui lui reprocha de l'abandonner à un vampire. Les
visites nocturnes continuèrent.

Caroline, belle, riche et maîtresse
de ses actions, à vingt-un ans, voulut
se marier, dans l'espoir d'éloigner le
fantôme; mais le bruit de ces apparitions
retint les prétendans. Un seul, un
gascon, nommé Monsieur de Forbignac, se présenta pour époux. La nécessité le fit agréer; mais dès le lendemain des nôces, (sans qu'on pût savoir
comment s'était passée la nuit), il dis-

parut avec la dot, et quantité de bijoux qui n'en faisaient pas partie.

L'amie de Caroline sensible à tant de malheurs, accourut auprès d'elle, la consola de son mieux, et l'emmena dans une terre où elle acheva tristement sa pénitence. Les trois ans écoulés, son vampire lui annonça enfin qu'elle ne le verrait plus; il tint parole. Une leçon aussi sévère adoucit son caractère. La mort de M. de Forbignac, qui eut l'honnêteté de ne pas revenir, laissa Caroline libre de se remarier, et cette fois elle trouva un époux qui la rendit parfaitement heureuse.

FLAXBINDER

CORRIGÉ PAR UN SPECTRE. (1)

M. Hanor, illustre professeur et bibliothécaire de Dantzic, a combattu avec tout l'avantage que peut donner la vérité, les superstitions et les préjugés de la plupart des peuples anciens et modernes, au sujet du retour des âmes et des apparitions; et cependant il raconte avec la plus grande gravité la fabuleuse aventure arrivée, selon lui, à un jeune homme, nommé Flaxbinder.

Ce jeune homme, dont l'intempérance et la débauche étaient les seules occupations, se trouvait un soir absent de la maison: sa mère, entrant dans sa chambre, aperçut un spectre, qui ressemblait si fort à son fils, par la figure et par la contenance, qu'elle le prit pour lui-même. Ce spectre était assis près d'un bureau couvert de livres, et paraissait profondément occupé à méditer et à lire tour à tour.

La bonne mère, persuadée qu'elle voyait son fils, et agréablement surprise, se livrait à la joie que lui donnait ce changement inattendu, lorsque tout-à-coup elle entendit dans la rue la voix de ce même Flaxbinder, qu'elle voyait dans la chambre...

Elle fut d'abord horriblement effrayée, ensuite, ayant observé que celui qui jouait le rôle de son fils, ne parlait pas, qu'il avait l'air sombre, taciturne, et les yeux hagards, elle en conclut que ce devait être un spectre; et cette conséquence redoublant sa terreur, elle se hâta de faire ouvrir la porte au véritable Flaxbinder.

Le jeune homme qui revenait d'une partie de débauche, entre avec bruit dans la chambre. Il voit le fantôme..., il approche..., et l'esprit ne se dérange pas.... Flaxbinder, pétrifié de ce spectale, forme aussitôt, en tremblant, la résolution de s'éloigner du vice, de renoncer à ses désordres et de se livrer à l'étude, enfin il promet d'imiter le fantôme.

A peine a-t-il conçu ce louable dessein, que le spectre sourit d'une horrible manière, jette les livres et s'envole. Pour Flaxbinder, il tint parole et se convertit.

L'APPARITION SINGULIÈRE.

ANECDOTE.

Un seigneur espagnol sortit un jour pour aller à la chasse sur une de ses terres où il y avait plusieurs montagnes couvertes de bois. Il fut très-étonné lorsque, se croyant seul, il s'entendit appeler par son nom : la voix ne lui était pas inconnue. Mais comme il ne paraissait pas fort empressé de répondre, on l'appela une seconde fois. Il crut reconnaître la voix de son père, mort depuis peu. Malgré sa frayeur il ne laissa pas d'avancer quelques pas. Mais quel fut son étonnement de voir une grande caverne, où une espèce d'abîme, dans laquelle était une fort longue échelle, qui allait depuis le haut jusqu'en bas. Le spectre de son père se présenta sur les premiers échelons, et lui dit que Dieu avait permis qu'il lui apparut, pour l'instruire de ce qu'il devait faire pour son propre salut; et pour la délivrance de celui qui lui parlait, aussi bien que pour celle de son grand-père, qui était quelques échelons plus bas. Il ajouta que la justice divine les punissait et les retiendrait là jusqu'à ce qu'on eût restitué *à tel monastère*, un héritage usurpé par ses ayeux.... Il recommanda en conséquence à son fils de faire au plutôt cette restitution, pour éviter la vengeance divine, car autrement sa place était marquée dans ce lieu de souf-

Après cette menace, l'échelle et le spectre commencèrent à disparaître insensiblement, et l'ouverture de la caverne se referma. Le seigneur, dont l'effroi était au comble, retourna aussitôt chez lui; l'agitation de son esprit ne lui permit pas de chercher à approfondir ce mystère. Il rendit aux moines le bien qu'on lui avait désigné, laissa à son fils le reste de son héritage et entra dans un monastère où il passa saintement le reste de sa vie....

LE DIABLE
COMME IL S'EN TROUVE.

ANECDOTE.

Un habitant d'un petit village, à quelques lieues d'Aubusson, département de la Creuze, avait acheté la maison presbytérale. Il tomba malade : aussitôt le curé du lieu se présente pour le confesser, et lui offre l'absolution, à la condition, par lui mourant, de léguer sa maison à la cure. Il refuse, le curé insiste, sous peine de damnation éternelle; mais, hélas ! le malheureux persiste dans son refus ; il meurt sans confession, et son âme devient sans doute la proie des flammes, auxquelles on l'avait dévolue. Le bruit s'en répand : toutes les femmes en sont alarmées, et la crainte de voir Satan en personne venir s'en emparer, ne permet pas à une seule de veiller auprès du cadavre.

Cependant un gendarme, neveu du défunt, bravant les propos de femmes, et les menaces du curé, se décide à passer la nuit auprès de son oncle. Sur le minuit (car c'est toujours à cette heure que le diable fait ses tours), sur le minuit donc, trois anges cornus, aussi laids que nous les peint Milton, et aussi noirs qu'ils étaient diables, se présentent pour enlever le corps avec des chaînes, et tout l'attribut de la diablerie. Le gendarme s'y oppose ; il fait le moulinet avec son sabre, et écarte les assaillans. Ce ne sont point des corps fantastiques qui s'offrent à ses coups, mais bien des composés de chairs et d'os. Un des assaillans voit d'abord tomber son poignet. Il n'en est point ému, et de l'autre main saisit le mort; alors même il voit ou il sent sa tête rejoindre sa main. Ce terrible coup ne laisse plus aux deux autres diables d'espoir que dans la fuite; et le gendarme, resté seul possesseur de son oncle et du presbytère, reçoit les félicitations de toutes les bonnes femmes qui s'attendaient à ne plus le trouver en vie.

Mais admirez jusqu'où le diable poussa la ruse et la méchanceté! quand le jour vint éclairer la scène, on reconnut que l'infâme avait, pour cette expédition, pris les traits et la figure du curé; et ce qu'il y a de plus fâcheux dans tout cela, c'est que, pour rendre l'illusion durable, il a si bien caché ce pauvre curé, que, depuis lors, on ne l'a plus revu (1).

---

(1) Extrait des journaux de l'an X.

FÊTE NOCTURNE,

OU ASSEMBLÉE DE SORCIERS.

Propriétaire d'une terre sur les confins de la Dordogne et de la Garonne, j'avais vingt-cinq ans que je ne la connaissais pas encore, et ce ne fut qu'à force d'importunités que je me décidai à quitter les salons de la capitale, pour y aller.

Je n'appris point sans surprise que je possédais une vigne où l'on voyait de tems à autres, et toujours à minuit, une foule d'esprits, qui prenaient diverses formes, telles que hommes, femmes, chevaux, boucs, etc. Un soir, assis tranquillement à faire de la musique, on frappe avec violence à la porte. Je donne ordre qu'on ouvre, un malheureux paysan se précipite dans la maison, et tombe presque sans vie. Ses cheveux hérissés, son œil hagard, tout son être annonce l'effroi ; je lui prodigue des secours, mais il bat la campagne, il ne répond à mes questions que par ces mots : ils sont-là...., voyez-les...., ils approchent....., cette chèvre....., ce chat..... Je me décidai à le laisser tranquille et à attendre que sa raison fut revenue pour l'interroger. Dès que je le crus en état de me répondre, je le questionnai sur la cause de sa frayeur. Ah! monsieur, me dit-il, le récit que j'ai à vous faire est épouvantable, je tremble encore seulement d'y penser.

J'avais été voir un de mes parens, nous nous sommes amusés à boire, et tellement à boire, qu'il était onze heures lorsque nous nous sommes quittés. Il m'est venu dans l'idée de faire le grand tour pour ne pas passer devant la vigne du diable, mais ayant une pointe de vin, je me suis dit : quand tout l'enfer serait-là je n'aurais pas peur, et aussitôt me voilà passant hardiment mon chemin. Mais arrivé en face la grande haie de la maudite vigne, j'ai entendu de grands éclats de rire, et j'ai aperçu une assemblée si nombreuse que j'ai été effrayé, cela a été bien pire lorsque j'ai vu que la haie disparaissait, qu'il n'y avait plus qu'une vaste plaine illuminée de cent mille cierges au moins, et qui éclairaient un bal complet : plus loin une multitude de monde était à table et mangeait avec un appétit dévorant. Cependant je ne connaissais plus mon chemin, et je ne savais de quel côté tourner, lorsque plusieurs personnes ont quitté la table et la danse, et sont venues m'accoster. — Que veux-tu, l'ami ? veux-tu être des nôtres ? viens-tu signer ton pacte ? nous allons faire venir notre seigneur le diable. A ces mots, je me suis troublé; néanmoins j'ai répondu : non, messieurs, je suis bon chrétien et je ne veux point me donner à Satan. — Tu as tort, nous sommes tous de bons enfans, tu ne te repentiras point d'être avec nous, oublie les sottises de ton curé, et renie ta religion. Oh ! mon Dieu, me suis-je écrié, en faisant le signe de la croix, venez à mon secours; à ces mots les bougies se sont éteintes, le tonnerre a grondé, tout a disparu, et je n'ai plus vu, au travers des éclairs, qu'une foule de chauve-souris et de chats-huans qui voltigeoient autour de moi, en poussant des cris épouvantables; à peine avais-je la force de respirer, lorsque j'ai entendu une voix qui me criait : Ne crains rien, chrétien, tout l'enfer ne peut prévaloir contre toi. Ces paroles m'ont rendu la force, et je me suis mis à courir jusqu'ici.

Ton aventure est extraordinaire, lui dis-je, et je verrai par moi-même.

En effet quelque tems après, je partis un vendredi par un beau clair de lune, bien résolu de me rendre au sabat; mes vœux furent accomplis : et en arrivant à la vigne du diable, je trouvai une fête complète, des femmes magnifiques, des élégans, des feux d'artifices, des joutes, des danses, tout était réuni pour embellir ce spectacle.

Je restais stupéfait, lorsqu'une dame d'une beauté ravissante, parée comme Vénus, s'avança vers moi; soyez le bien venu, me dit-elle, nous vous attendions et vous manquiez à la fête ; notre maître et seigneur vous prouve le cas particulier qu'il fait de votre personne, puisque, contre son ordinaire, il vient au devant vous.

Un très bel homme alors m'adressa la parole : vous êtes, dit-il, après m'avoir salué très-poliment, au milieu d'une assemblée de sorciers, mais, comme vous voyez, ils ne sont pas effrayans, entrez hardiment, aucun mal ne vous sera fait ; et aussitôt je fus introduit dans une vaste enceinte où tout respirait la joie et la gaîté.

Des rafraichissemens circulaient à la ronde, et j'étais surpris de voir qu'on ne m'en offrait point. Je devine votre pensée, me dit le seigneur et maître ; mais avant de vous faire partager nos repas, il faut que nous ayons une petite explication.

Comme je vous l'ai déjà dit, toutes

les personnes assemblées ici sont des sorciers ou des sorcières, et par conséquent ont l'honneur de m'appartenir; si vous eussiez mangé ou bu la moindre des choses, vous auriez été à moi de plein droit; mais nous ne voulons surprendre personne; la bonne foi règle toutes nos actions; maintenant que vous êtes instruit, si vous voulez signer votre pacte, il ne tient qu'à vous; établissez vos conditions, je pense que nous serons bientôt d'accord. Vraiment monsieur le diable, lui dis-je, vous n'êtes pas aussi diable comme on le croit parmi nous; mais je ne puis accepter vos offres, content de mon sort ici bas, je ne désire point changer de condition; faites vos réflexions, répondit-il d'une voix sévère, et vous nous trouverez ici tous les premiers vendredis de chaque mois.

Comme il achevait ces mots, une

cloche fit entendre les sons de l'angelus; aussitôt toute la troupe poussa des hurlemens affreux, le diable prit une forme horrible qui me glaça d'effroi, cette femme qui m'avait paru si belle, devint une vilaine chatte noire, tous les autres personnages furent changés en chauve-souris, chat-huant et autres animaux nocturnes. Ils m'effrayèrent véritablement, lorsque, transformés ainsi, ils m'entourèrent en menaçant de me dévorer; j'étais dans des ténèbres épaisses; je voyais autour de moi des abîmes prêts à m'engloutir, ce qui m'empêchait de faire un seul pas pour m'éloigner; la terre vomissait une quantité de souffre, de bitume et exhalait une odeur fétide et insupportable. J'étais oppressé, j'étouffais, la sueur découlait de tout mon corps et ma faiblesse était si grande que je me voyais près de succomber.

Cependant les sons argentins de la cloche annonçaient les premiers rayons de l'aurore; selon ma coutume, je récitai mon angelus. Aussitôt, les cris, les hurlemens redoublèrent, le diable s'agita de mille façons, la foudre éclata de tous côtés et je me trouvai au milieu de torrens de flammes, entouré de reptiles malfaisans.

Ma prière finie, je fais le signe de la croix; aussitôt, la terre s'entrouve et engloutit tous les monstres qui m'avaient épouvanté.

Le jour me rendit les forces et le courage. Je me retirai et ne fus plus tenté d'aller voir les fêtes nocturnes.

HISTOIRE D'UN BROUCOLAQUE.

L'anecdote que nous allons raconter se trouve dans le voyage de Tournefort au Levant, et peut éclaircir les prétendues histoires des vampires.

Nous fûmes témoins, (dit l'auteur), dans l'île de Mycone, d'une scène bien singulière, à l'occasion d'un de ces morts, que l'on croit voir revenir après leur enterrement. Les peuples du nord les nomment *vampires* ; les Grecs les désignent sous le nom de *broucolaques*. Celui dont on va donner l'histoire était un paysan de Mycone, naturellement chagrin et querelleur. C'est une circonstance à remarquer par rapport à de pareilles sujets : il fut tué à la campagne; on ne sait par qui ni comment.

Deux jours après qu'on l'eût inhumé dans une chapelle de la ville, le bruit courut qu'on le voyait la nuit se promener à grands pas ; qu'il venait dans les maisons renverser les meubles, éteindre les lampes, embrasser les gens par derrière et faire mille petits tours d'espiègle. On ne fit qu'en rire d'abord; mais l'affaire devint sérieuse, lorsque les plus honnêtes-gens commencèrent à se plaindre. Les *papas* (prêtres grecs) eux-même convenaient du fait, et sans doute qu'ils avaient raison. On ne manqua pas de faire dire des messes. Cependant le paysan continuait la même vie sans se corriger. Après plusieurs assemblées des principaux de la ville, des prêtres et des religieux, on conclut qu'il fallait, je ne sais par quel ancien cérémonial, attendre neuf jours après l'enterrement. Le dixième jour, on dit une messe dans la chapelle où était le corps, afin de chasser le démon, que l'on croyait s'y être renfermé. Après la messe, on déterra le corps et on en ôta le cœur; le cadavre sentait si mauvais qu'on fut obligé de brûler de l'encens; mais la fumée, confondue avec la mauvaise odeur, ne fit que l'augmenter et commença d'échauffer la cervelle de ces pauvres gens. On s'avisa de dire qu'il sortait une fumée épaisse de ce corps. Nous qui étions témoins de tout, nous n'osions dire que c'était celle de l'encens. Plusieurs des assistans assuraient que le sang de ce malheureux était bien vermeil; d'autres juraient que le corps était encore tout chaud; d'où l'on concluait que le mort avait grand tort de n'être pas bien mort, ou pour mieux dire, de s'être laissé ranimer par le diable ; c'est là précisément l'idée qu'ils ont d'un broucolaque ; on faisait alors retentir ce mot d'une manière étonnante.

Une foule de gens qui survinrent, protestèrent tout haut qu'ils s'étaient bien aperçus que ce corps n'était pas devenu roide, lorsqu'on le porta de la campagne à l'église pour l'enterrer ; et que, par conséquent, c'était un vrai broucolaque : c'était là le refrain.

Quand on nous demanda ce que nous croyions de ce mort, nous répondîmes que nous le croyions très-bien mort ; et que, pour le prétendu sang vermeil, on pouvait voir aisément que ce n'était qu'une bourbe fort puante ; enfin, nous fîmes de notre mieux pour guérir, ou du moins pour ne pas aigrir leur imagination frappée, en leur expliquant les prétendues vapeurs et la chaleur du cadavre. Malgré tous nos raisonnemens, on fut d'avis de brûler le cœur du mort, qui, après cettte exécution, ne fut pas plus docile qu'auparavant, et fit encore plus de bruit. On l'accusa de battre les gens, la nuit, d'enfoncer les portes, de briser les fenêtres, de déchirer les habits, et de vider les cruches et les bouteilles. C'était un mort bien altéré. Je crois qu'il n'épargna que la maison du consul chez qui nous logions. Tout le monde avait l'imagination renversée. Les gens du meilleur esprit paraissaient frappés comme les autres. C'était une véritable maladie de cerveau, aussi dangereuse que la manie et la rage. On voyait des familles entières abandonner leurs maisons, et venir des extrémités de la ville porter leurs grabats à la place, pour y passer la nuit. Chacun se plaignait de quelque nouvelle insulte, et les plus sensés se retiraient à la campagne.

Les citoyens les plus zélés pour le bien pnblic, croyaient qu'on avait manqué au point le plus essentiel de la cérémonie; il ne fallait, selon eux, célébrer la messe qu'après avoir ôté le cœur à ce malheureux. Ils prétendaient qu'avec cette précaution, on n'aurait pas manqué de surprendre le diable ; et sans doute, il n'aurait eu garde d'y revenir; au lieu qu'ayant commencé par la messe, il avait eu tout le tems de s'enfuir et de revenir à son aise. Après tous ces raisonnemens, on se trouva dans le même embarras que le premier jour. On s'assembla soir et matin ; on fit des processions pendant trois jours et trois nuits ; on obligea les *papas* de jeûner. On les voyait courir dans les maisons, le goupillon à la main, jeter de l'eau bénite et en laver les portes; ils en remplissaient même la bouche de ce pauvre broucolaque. Dans une prévention si générale, nous prîmes le parti de ne rien dire. non-seulement on nous aurait traités de ridicules, mais d'infidèles. Comment faire revenir tout un peuple ? Tous les matins, on nous donnait la comédie, par le récit des nouvelles folies de cet oiseau de nuit; on l'accusait même d'avoir commis les péchés les plus abominables. Cependant nous répétâmes si souvent aux administrateurs de la ville, que dans un pareil cas, on ne manquerait pas, dans notre pays, de faire le guet la nuit, pour observer ce qui se passerait, qu'enfin on arrêta quelques vagabons qui, assurément, avaient part à tous ces désordres : mais on les relâcha trop tôt ; car, deux jours après, pour se dédommager du jeûne qu'ils avaient fait en prison, ils recommecnèrent à vider les cruches de vin, chez ceux qui étaient assez sots pour abandonner leurs maisons. On fut donc obligé d'en revenir aux prières.

Un jour, comme on récitait certaines oraisons, après avoir planté je ne sais combien d'épées nues sur la fosse de ce cadavre, que l'on déterrait trois ou quatre fois par jour, suivant le caprice du premier venu ; un Albanais, qui se trouvait là, s'avisa de dire d'un ton de docteur, qu'il était fort ridicule, en pareil cas, de se servir des épées des chrétiens. - « Ne voyez-vous pas, pau-
» vres gens, disait-il, que la garde
» de ces épées faisant une croix avec
» la poignée, empêche le diable de
» sortir de ce corps ? que ne vous
» servez-vous plutôt des sabres des
» Turcs ? »

L'avis de cet habile homme ne servit de rien ; le broucolaque ne parut pas plus traitable, et on ne savait plus à quel saint se vouer, lorsque tout d'une voix, comme si l'on s'était donné le mot, on se mit à crier, par toute la ville, qu'il fallait brûler le broucolaque tout entier ; qu'après cela ils défiaient le diable de revenir s'y nicher ; qu'il valait mieux recourir à cette extrémité, que de laisser déserter l'île. En effet, il y avait déjà des familles qui pliaient bagage pour s'aller établir ailleurs. On porta donc le broucolaque, par ordre des administrateurs, à la pointe de l'île de Saint-Georges, où l'on avait préparé un grand bûcher, avec du goudron, de peur que le bois quelque sec qu'il fût, ne brûlat pas assez vîte. Les restes de ce malheureux cadavre y furent jetés et consumés en peu de tems. C'était le premier jour de janvier 1701. Dès-lors, on n'entendit plus de plaintes contre le broucolaque ; on se contenta de dire que

le diable avait été bien attrapé cett-
fois-là, et l'on fit quelques chansons
pour le tourner en ridicule.

LA PETITE CHIENNE BLANCHE.

CONTE NOIR.

On raconte que vers le commencement du dix-septième siècle, on remarquait dans la forêt de Bondy, sur le bord du grand chemin qui traverse le bois dans la direction de l'Est à l'Ouest, deux grands chênes : dans le creux de l'un on voyait toujours une jolie petite chienne d'une blancheur éblouissante qui portait au cou un collier en maroquin rouge, enrichi d'une boucle, et de clous en or.

Cette petite bête paraissait endormie et ne semblait s'éveiller que lorsque quelque passant, surpris de voir un si joli animal, perdu au milieu du bois, s'approchait pour la caresser; mais quelque adresse qu'on employat pour tacher de la surprendre, elle se levait au moment qu'on croyait mettre la main dessus, alors elle s'éloignait de quelques pas en s'enfonçant dans le bois, et si, au lieu de la poursuivre l'on passait outre, elle revenait à sa place en regardant les personnes et remuant la queue : si l'on faisait semblant de revenir, elle se laissait approcher ayant l'air d'attendre, mais bientôt elle s'échappait comme la première fois et se rendait ensuite à la même place avec opiniâtreté; quelques personnes fatiguées de revenir inutilement, lui jetaient des pierres qui l'atteignaient, mais elle n'y paraissait pas plus sensible que si elle eût été de marbre, les coups de fusil même des gardes chasse ne la faisaient pas déloger, quoiqu'ils vissent leurs balles la frapper directement sans l'avoir blessée; enfin il était reconnu dans les environs que cette petite chienne était tout au moins un supôt du diable, si ce n'était le diable lui-même. L'anecdote suivante jetta plus que jamais la terreur dans le voisinage, le bruit s'en répandit même dans toute la contrée.

Un jeune garçon âgé de dix ans fut envoyé par ses parens, faire des fagots dans le bois. Il ne revint pas à l'heure où sa famille se rassemblait pour déjeûner, mais comme on lui avait bien recommandé de ne pas aller du côté du grand chemin de l'est à l'ouest, et que ce jeune garçon était très-soumis aux ordres de ses parens, on ne s'en inquiéta que légèrement, et chacun retourna à son travail. A l'heure du dîner il ne parut point encore, on commença alors à soupçonner quelque malheur; enfin, l'heure du souper étant arrivée sans qu'il fut de retour, son père, nommé Jean Fortin, dit à son épouse: » Femme allume ma lanterne; Enfans, donnez-moi mon fusil à deux coups, cherchez mes balles et ma poire à poudre. Je vais aller chercher votre frère, et si je ne rentre pas ce soir, couchez-vous ; car je suis résolu de battre toute la forêt et de ne revenir qu'avec Célestin , c'est ainsi que l'on appelait le jeune garçon absent. — Mon père, dit l'aîné, grand gaillard de vingt ans, je vais avec vous.— Viens si tu te sens assez de courage, réponds Fortin ; mais je te préviens que je vais droit aux deux chênes — Vous n'y pensez pas, mon père , réplique Thomas; allons viens ou reste, reprends Fortin, quand à moi je suis décidé à périr ou a éclaircir cette diablerie. Il faut que que je retrouve mon Célestin; il aura sans doute couru après cette maudite chienne ; eh bien ! je la suivrai aussi, et fut-ce le diable, j'aurai ses cornes ou il m'emportera, Thomas dit: partons. — Toute la famille tremblait et personne n'eut la force, ni peut-être la pensée, tant ils étaient effrayés, de s'opposer à ce téméraire dessein.

Ils partent donc : la nuit était des plus sombres; en vain Thomas avançait sa lanterne ; ils se heurtoient à chaque instant contre les arbres, s'embarrassaient dans les ronces, revenaient sur leurs pas croyant trouver une issue et s'égaraient toujours davantage. Enfin ils atteignirent le grand chemin de l'Ouest, et alors ils marchèrent assez librement.

Il y avait déjà une heure qu'ils cheminoient en silence prêtant l'oreille, espérant entendre la voix de Célestin, sans qu'aucun bruit pût éclairer leur marche, les chênes fatals même ne paraissaient pas, Thomas dit à son père, je crois que nous les avons passés. — Non, dit Fortin, j'ai trop bien regardé à droite et à gauche et nous n'y sommes pas encore.—Cependant je croyais que nous avions fait plus de chemin. — Ne nous décourageons pas, reprit le père. — Ils marchent encore une demi-heure et les deux arbres ne paraissent point encore.

Pour le coup, dit Fortin, voilà qui me parait bien singulier; nous devrions être à l'autre bout du bois, il ne faut que cinq quarts d'heure pour le traverser tout entier, et voilà déjà une grande heure et demie que nous marchons, il faut nécessairement que nous ayons dépassé les deux chênes. — Retournons, dit Thomas : retournons, dit Fortin;

mais dans ce moment il vint un si fort coup de vent qu'ils furent obligés de porter la main à leurs chapeaux. Le bruit extraordinaire qu'il faisait en sifflant dans les branches leur fit lever les yeux. — Voici les chênes, dit Thomas en tremblant de tous ses membres ; et en effet Fortin reconnut les deux grands arbres qui se dessinaient dans l'ombre, et qui leur paraissaient être au plus à la distance de vingt pas.—Allons, Thomas, dit Fortin d'une voix assez forte, malgré qu'il ne fut pas très-rassuré lui-même, allons, dit-il c'est à mon tour à marcher devant : en disant cela, il arme son fusil ; marche droit aux arbres, Thomas le suit. Ils font environ trois cents pas, et les chênes qu'ils croyaient tout près, se trouvent à la même distance qu'auparavant ; ils cheminent encore, mais à mesure qu'ils avancent, il semble que les arbres s'éloignent; la forêt paraît ne plus finir, Fortin entend de tous côtés des sifflemens comme si le bois était rempli de serpens. De tems en tems il roule sous ses pieds des corps inconnus; des griffes semblent vouloir entourer ses jambes, cependant il n'en est qu'effleuré : une odeur infecte l'environne; plusieurs êtres semblent se glisser autour de lui, mais il ne sent rien. — Exténué de fatigue, il se retourne pour proposer à Thomas de s'asseoir un instant. Thomas n'y est plus, il croit appercevoir à travers des buissons, l'œil de bœuf de la lanterne, il reconnaît même le bas du pantalon blanc de son fils, il l'appelle, une voix inconnue lui répond : viens, je t'attends ? il hésite, cependant il va en avant, la lumière disparaît bientôt; il la revoit plus loin, on lui crie encore » me voilà, viens, je » t'attends ? Fortin ne peut reconnaître cette voix, ce n'est ni celle de Thomas ni celle de Célestin; la lanterne disparaît tout à fait, il ne sait plus où il est; il veut retourner sur ses pas, il ne peut retrouver le grand chemin qu'il vient de quitter : une sueur froide découle de tout son corps, des substances aériennes passent à tout moment devant son visage, et autour de lui; il ne les voit pas, mais il sent une haleine puante et brûlante, et un air froid comme si quelque oiseau de grandeur extraordinaire agitaient ses ailes au dessus de lui; il commence à se repentir d'être entré dans le bois, son courage l'abandonne, son fusil tombe de ses mains : soit fatigue, soit saisissement, il est forcé de s'appuyer contre un arbre qui se trouve près de lui. Dans ce moment terrible, il recommande son âme à Dieu et tire de sa poche un crucifix que cet homme pieux avait toujours avec lui; mais ses forces l'ont abandonné, il tombe à genoux au pied de l'arbre, et bientôt il perd l'usage de ses sens!....

Il était grand jour lorsqu'il revint de son évanouissement : le soleil en réchauffant ses membres, était peut-être cause du retour de ses forces. Fortin regarda autour de lui, il vit son arme brisée, et macérée comme si elle avait été mâchée avec des dents : les pièces de fer qui la composait paraissaient avoir passé au feu, les arbres étaient teints de sang, des caractères magiques et épouvantables y étaient empreints, les branches étaient cassées, les feuilles noircies et sèchées, l'herbe était foulée et couverte de lambeaux de vêtemens. Fortin reconnut ceux de ses deux malheureux fils, et le même sort lui était réservé s'il n'avait été armé du signe divin qui seul l'avait sauvé du démon.

Il se leva avec effroi, courut comme un fou jusques chez lui. Le fait raconté, fut vérifié par les autorités qui vinrent avec les archers visiter les lieux, le récit de Fortin fut reconnu vrai : on vit toutes les traces d'un repas horrible, des danses et des jeux de la troupe diabolique. En vain voulut-on faire des recherches, la petite chienne blanche paraissait et aussitôt chacun était glacé d'effroi; reconnaissant que ce lieu était habité par le démon qui s'y tenait d'une manière inexpugnable, on résolut de planter des croix à l'entour, afin que ce signe put l'empêcher d'étendre son domaine, et depuis on n'entendit plus parler d'accidens dans l'autre partie du bois. Mais malheur à qui osait enfreindre les limites.

LE VOYAGE.

Je partis de la capitale pour faire un voyage que nécessitait mes affaires : quatre voyageurs, une voyageuse et moi, remplissions la voiture. On débuta par les complimens ; ensuite on mangea, on dormit ; mais enfin on ne peut pas toujours dormir et manger, et il faut passer le temps à quelque chose. Après qu'on eut épuisé les modes, passé en revue le genre humain, critiqué chaque ministre, les autorités, les missions, les missionnaires ; réglé les états du monde entier, et contrôlé jusqu'au plus petit commis, on n'avait plus rien à dire, lorsque la conversation tomba sur les revenans. Ah ! mon Dieu dit la voyageuse, j'ai un château que je ne peux habiter, parce que tous les esprits de l'autre monde y reviennent. Où est votre chateau, dîmes-nous ? Nous passerons devant, répondit-elle. Tant mieux, nous verrons ces esprits.

Je ne suis pas très curieux de ces sortes d'aventures, dit un voyageur qui avoit toute la mine d'un homme de bon sens, ni moi non plus, répondit un autre, et je suis bien payé pour ne pas les aimer. Notre curiosité étant excitée par ces réflexions, nous les priâmes de nous dire pourquoi ils redoutaient tant les esprits.

Rien de plus facile dit le premier qui avait parlé je vais vous conter mon histoire.

LE CHEVAL SANS FIN.

CONTE NOIR.

J'ai toujours aimé les voyages et semblable au juif errant je ne restais jamais dans le même lieu : tantôt en voiture, tantôt à cheval, tantôt à pied, j'étais toujours par monts et par vaux.

Un soir vers la brune accablé de lassitude, je dis tout haut : si j'avais un cheval, je serais bien heureux ; à peine avais-je fini ce souhait qu'un cavalier passa et me dit : Monsieur, vous avez l'air bien fatigué, vous avez encore trois lieues à faire, si vous voulez profiter de la croupe de mon cheval il ne tient qu'à vous. J'hésitais, cependant la nécessité me força à accepter et me voilà derrière le cavalier : nous n'avions pas fait cinq cents pas qu'un second voyageur se présente, même offre, encore acceptée; bientôt après un troisième, un quatrième, un cinquième, un sixième; enfin un douzième est à la file, et le cheval de s'allonger pour laisser de la place au dernier venu.

Depuis longtemps la peur s'était emparée de moi : je n'osais respirer, et j'étois plus mort que vif. Mais que devins-je, lors que je vis que la maudite monture alloit d'une vitesse égale à la foudre et prenoit un chemin nouveau.

Ah ciel ! m'écriai-je, notre Seigneur était en même compagnie que nous, ils étaient treize, et le treizième était Judas, qui le vendit, nous avons certainement un Judas parmi nous, Jésus ne nous abandonnez pas. Au même instant des hurlemens épouvantables se firent entendre; et bientôt après je ne sentis plus rien autour de moi; cependant j'allais toujours avec une rapidité extraordinaire, et je me trouvai presqu'à la même place où j'avais rencontré mon maudit cavalier.

Voilà Messieurs ce qui m'a dégouté de voyager, et m'a rendu moins incrédule sur les esprits.

Nous ne savions que dire de cette aventure, lorsque le second commença son récit.

LA MAISON ENCHANTÉE.

CONTE PLAISANT.

Etant à Marseille, j'eus besoin d'aller à la Ciotat, petite ville qui n'en est éloignée que de six lieues, je partis tard, je m'amusai à considérer les sites romantiques de ce beau pays, enfin, je flanai tant, que la nuit me surprit au milieu des montagnes, sans que je susse ou j'étais. Je marchais au hasard depuis longtemps, lorsque j'aperçus une lumière qui n'était qu'à quelque distance de moi, je m'y rendis, résolu de demander l'hospitalité. Je frappe; une domestique vient m'ouvrir, accède à ma demande et m'introduit dans un salon magnifique où je trouve une dame très belle, très élégante, qui me reçoit de la meilleure grace et m'engage à m'asseoir a son côté, elle fait servir à souper, et pendant la soirée j'eus tout lieu de croire que je serais heureux de toute manière.

L'heure du coucher étant venue, je me disposais à me mettre au lit, lorsque la pefide me pria d'attendre un instant, disant qu'elle allait bientôt revenir. Hélas! elle n'avait pas encore paru lorsque minuit sonna, heure fatale: l'horloge n'avait pas fini de faire entendre ses sons, que je vis entrer dans la chambre une foule d'esprits, les uns marchaient, les autres voltigeaient, tous paraissaient dans la plus grande joie. Jusque là je n'en fus pas effrayé, mais bientôt après ils s'approchèrent de moi, et un colosse ayant une voix de Stentor me dit : Malheureux qu'es-tu venu faire ici ? ne savais-tu pas que cette maison appartient aux esprits et que chaque nuit nous nous y rassemblons ? J'avais au plus la force de lui répondre, lorsque mon vigoureux colosse s'empare de moi, m'enveloppe dans les matelas, les couvertures et me transporte au milieu de la chambre. Ce qu'il y a de surprenant dans cette aventure, c'est que je ne sentais rien, et que mon transport se fit comme par enchantement.

Lorsqu'ils m'eurent assez baloté, ils me délivrèrent, me firent assoir, et un plaisant de cette société infernale, proposa de me faire la barbe, aussi-tôt le bassin, la savonnette, la serviette en un mot un nécessaire complet parurent, et une main sinon invisible, du moins très légère me rasa avec une dextérité sans exemple, mais le malin esprit ne me rasa que d'un côté, et la preuve que ce que je vous dis est vrai, c'est que la barbe n'a plus poussé sur ma joue gauche, tandis que la droite n'a éprouvé aucun changement.

Nous vérifiâmes le fait, et nous nous apperçumes que le poil du côté gauche était raz et qu'il était comme si le feu y avoit passé.

Après que cette opération fut finie, reprit notre compagnon, ils partirent d'un grand éclat de rire et résolurent de me faire sauter sur la couverture; ils me bernèrent un bon quart d'heure, après quoi ils me laissèrent en repos.

Cependant le jour commençait à poindre, sans doute le moment du départ approchait; car ils s'enfuirent préipitamment, mais avant ils me firent diverses marques sur le corps, marques qui ont été inefaçables et que je porterai sans doute toujours.

Ce qui me surprit le plus, c'est que la maison disparut et que je me trouvai aux portes de la Ciotat, sans que j'aie jamais pu savoir comment j'y avait été transporté; et comment la maison avait disparu.

Depuis cette époque, que j'ai toujours présente à la mémoire, je n'aime plus à me trouver avec des esprits.

Hélas! messieurs, que sont vos aventures auprès de celles que mes crimes m'ont attiré, dit un troisième voyageur.

Votre histoire, demandâmes-nous en même tems ? Volontiers repondit-il, mais vous en frémirez ; j'en frissonne encore.

LE PACTE INFERNAL.

Petit roman.

Je suis né ambitieux, violent et irascible, la moindre contrariété me mettait hors de moi, et lorsque le malheur s'appesantissait sur ma tête, je devenais furieux.

Un soir que trompé dans mes espérances ambitieuses, je me maudissais de bon cœur, je m'écriai tout haut : Oui, s'il y a un esprit infernal, qu'il apparaisse, qu'il vienne ; sous quelque forme qu'il se présente, pourvu qu'il me porte la vengeance, je me donne à lui.

Ces paroles n'étaient pas sorties de ma bouche que je sentis une chaleur brûlante : le thermomètre qui était dans ma chambre monta subitement à 48 dégrés, des flammes de diverses couleurs remplirent mon appartement; un vent brûlant m'ôtait la respiration ; enfin j'étais presque suffoqué.

Tous ces symptômes me causèrent de l'effroi, et je me dis : Serait-il possible que le diable se présentât devant moi ? Bientôt un spectre horrible s'approche : Que me veux-tu, dit-il, parle.

J'avais à peine la force de considérer cette hideuse figure, qui vomissoit des flammes par tous les pores, et dont le corps affreux était entouré de serpens qui se mouvaient en tous sens, lorsqu'il m'appostropha en ces termes :

Réponds-moi vîte, mon tems est précieux, d'autres m'attendent, veux-tu de l'or ? en voilà, veux-tu te venger ? voilà la vengeance, veux-tu devenir homme d'état, homme de lettres, guerrier, tes desirs seront accomplis, je suis le dispensateur des grâces.... de la gloire... choisis..... J'eus cependant la force de lui demander à qu'elle condition.

Je t'accorde encore 40 ans de vie, pendant lesquels tu feras tout ce que tu voudras, mais au bout de ce tems tu m'appartiendras entièrement. Tant que tu vivras, je serai ton esclave; mais après ta mort tu seras le mien; vois si ces conditions te conviennent : en ce cas, signons notre contrat, si non n'en parlons plus, adieu.

Un crime entraîne un crime nouveau, hélas! vous l'avouerai-je, j'eus la faiblesse de signer ce pacte infâme.

Chacun de nous frissonna.

Mon pacte signé, le démon me dit : Seigneur je suis votre esclave, ordonnez ; toutes les fois que vous aurez besoin de moi, vous frapperez la terre avec votre pied, et de suite je serai à vos ordres. Puisqu'il en est aisni, lui dis-je, j'exige que tu changes de forme et que tu en prennes une moins hideuse, je n'avais pas fini de parler que je vis devant moi un charmant jeune homme, qui me demanda si j'étais content; oui, mais il faut à présent que tu me donnes de l'argent, et un coffre-fort fut se placer au pied de mon lit. Tu sais que j'ai une haine mortelle *contre un homme d'état, il faut me venger.*

Tu seras satisfait, demain sa disgrace sera prononcée, et tu seras à sa place.

En voila assez pour cette fois, retire toi, et que je jouisse d'un sommeil paisible.

Mon maître futur, mon esclave présent se retira et j'eus le repos le plus parfait.

Le matin je fus éveillé par un messager qui me portait l'avis de la chûte de mon ennemi, et l'agréable nouvelle que je le remplaçais. Je courrus, ou pour mieux dire, je volai à mon nouveau poste. Que vous dirai-je enfin, tout fut selon mes desirs; j'acquis de la réputation comme homme d'état, comme guerrier, poëte. On aurait dit que j'étais universel. Mais que la nature humaine est inconséquente, je ne pouvais jouir d'un bonheur si doux et l'ambition me dominait au point que les lauriers, les myrtes; m'ennuyaient, m'étaient à charge; je le dis au démon, qui ne sachant que faire, se facha, me dit que nul mortel n'avait joui d'autant de faveur que moi, que ma puissance égalait presque celle de la divinité, et qu'il craignait bien de n'avoir fait qu'un ingrat. Plein de fureur je saisis mon pacte, je répliquai qu'il était trop heureux de m'obéir, qu'il n'était que mon vil sclave, que pour le lui prouver je voulais égaler le Créateur et que moi-même je voulais créer. Je m'attendais à cette demande, dit-il, je suis obligé d'exécuter tes volontés ; autrement, notre traité serait rompu, mais tu es un insensé. Je lui imposai silence, et ayant pris une statue de cire parfaitement belle, je lui ordonnai de l'animer et d'en faire une femme magnifique. Hélas ! je fus obéi, et la plus belle créature qui ait jamais été sur la terre, parut devant mes yeux : je me retire, me dit le démon, tu as voulu être malheureux, tout mon pouvoir ne peut t'en empêcher ; adieu.

Dès qu'il fut sorti je me livrai à l'amour le plus violent pour ma créature, je la fis passer pour ma femme, je croyais avoir trouvé le bonheur, mais grand dieu ! autant cette femme était belle, autant son âme était horrible ; elle me conduisit de faute en faute, de crime en crime, et elle m'avait réduit au point de dire, avec elle, que nous voudrions que toute l'espèce humaine n'eut qu'une tête pour la couper. Si le pouvoir du démon n'eût pas été anéanti par la créature qu'il m'avait fait faire, je suis forcé d'avouer que la moitié du monde aurait perdu la vie ; mais comme je l'ai déjà dit, il ne pouvait plus accéder à tous mes desirs, toutes mes conjurations, toutes les siennes, n'aboutissaient qu'à quelques grâces. Lorsque je lui en demandai la raison, il me répondit que la puissance céleste l'en empêchait.

Cependant au milieu des tourmens que ma créature me faisait éprouver, le terme fatal approchait, mon esclave, qui, allait devenir mon maître, m'en avertit. Tu te moques, lui dis-je, il n'y a que 20 ans, et ils ne sont pas encore écoulés.

Tu comptes 20 ans, dit-il, mais aux enfers nous comptons double, 20 ans de jour, 20 ans de nuit, cela fait bien 40 ans, terme que je t'ai accordé.

Je criai, je m'emportai ; mais tout cela n'aboutit à rien, et il fallut me résoudre à être étranglé le surlendemain.

Quelque soit la position d'un homme il n'aime pas à mourir, surtout lorsqu'il doit tomber sous la griffe du diable, et j'étais sûr qu'elle ne serait pas douce, car je n'avais pas été doux à son égard.

Plongé dans mes tristes réflexions, je sortis le matin, et tout machinalement j'allai vers l'église. Comme je mettais le pied sur le seuil de la porte, le diable me barra le chemin : retire toi, vil esclave, lui dis-je, jusqu'à demain tu n'as aucun droit sur moi ; il fut intimidé et se contenta de me faire des menaces. Aussitôt je me précipitai dans le lieu saint, je demandai à parler à un vénérable prêtre que je connaissais, je lui racontai tous mes crimes.

Je les connaissais, répondit-il, et je vous attendais pour vous sauver; alors il fit fermer toutes les portes du temple, assembla tout le clergé : on m'exorcisa, on m'aspergea d'eau bénite, on me fit faire amen de honorable, en un mot on me purifia.

Pendant toute cette cérémonie le démon ne cessait de pousser des hurlemens épouvantables ; plusieurs fois il voulut me saisir : pour l'éviter, on me donna la croix à porter, alors des vociférations horribles se firent entendre, l'église fut remplie d'une odeur sulfureuse et infecte, elle paraissait pleine de spectres, et ce ne fut qu'à force d'aspersion, qu'on parvint à chasser le malin esprit. Enfin on en vint à bout, et lorsque je fus en état de grâce, on fut chez moi faire la même cérémonie, mais là les prêtres eux-mêmes faillirent à être victimes de leur zèle; car les démons n'étant plus retenus, comme dans l'église, se livrèrent à toutes sortes d'excès. Un des saints ministres lui-même, saisi à la gorge, ne fut délivré qu'avec beaucoup de peine; ma maison, étant nettoyée de tous les hôtes infernaux, j'y retournai, mais je n'y retrouvai plus aucuns de mes anciens domestiques, ni ma créature, tout avait pris la fuite, tout avait été plongé dans les enfers.

Depuis ce temps je vis tranquille, et j'espère mourir de même, pourvu toutefois que je ne transgresse pas les commandemens qui m'ont été faits. Il faut que je porte toujours sur moi cette relique, nous dit-il en nous montrant une image de la Vierge ; mais qu'elle fut notre surprise, et notre effroi lorsque nous vîmes un de nos compagnons de voyage, s'élancer avec furie, sur celui qui venait de parler, et l'empoigner à la gorge en poussant des voiciférations affreuses.

Cependant le voyageur se défendait avec sa relique, et nous remarquâmes que chaque fois que cette image touchait le démon, il reculait en écumant de rage.

Depuis longtemps, ce combat durait lorsque nous vîmes quelque chose qui descendait du ciel avec la rapidité de la foudre. Dieu ! s'écrie, le malheureux, je suis sauvé. Fuis, démon infernal, fuis, voilà mon sauveur. Au même instant un ange entra dans la voiture, et s'adressant à l'esprit malin il lui dit : As-tu osé porter tes mains impies sur cette image sacrée ? ne sais-tu pas que tu dois la respecter en tout lieu. Esprit des ténèbres, retourne au centre de la terre, c'est là ta demeure éternelle, c'est celle que le divin Créateur t'a donnée. A ses mots, il le saisit, et le jettant fortement à terre, un abîme s'entrouvrit et le reçut.

Nous n'étions pas revenus de notre frayeur, lorsque nous arrivâmes devant le château de la dame.

Il était huit heures du soir, et d'un mouvement spontané nous descendîmes de la voiture. Un vieux concierge vint tout tremblant nous ouvrir. Il craignait que nous ne fussions une armée d'esprits, qui venaient le tourmenter, il osa a peine nous conduire dans le salon, et nous donner à souper. Cependant nous restâmes sur nos gardes en attendant les esprits.

Vers minuit, nous apperçûmes une ombre, qui se dessinait sur le mur, nous approchâmes ; et l'ombre ne disparut point, au contraire, elle prit diverses formes, un moment après nous en vîmes un grand nombre qui allaient en tous sens dans l'appartement. Jusque là nous n'avions fait que rire, mais la crainte nous saisit un peu lorsque la porte du salon s'ouvrit à deux battans, et qu'une femme en entrant nous adressa ces paroles : « Téméraires mortels, quelle fatale destinée vous a conduits ici : hâtez-vous de fuir ou craignez ma vengeance. »

Nous nous regardions tous, le voyageur à la relique la tenait fortement, la maîtresse du château faisait des signes de croix, d'autres récitaient de oraisons, en un mot chacun était occupé, moi seul, je me permis de faire le plaisant : qui que tu sois, dis-je, tu ne me cause nulle frayeur, que tu sois esprit, diable, tout ce que tu voudras, je m'en moque, et je brave ta puissance. Alors je fis quelques pas pour m'approcher du spectre, comme j'allongeais la main pour le saisir, il disparut, et je trouvai à sa place le monstre le plus hideux qu'on puisse voir : je ne m'épouvantai cependant point, et je fus pour le prendre à brasse corps; mais cet horrible spectre était tout garni de pointes aigues qui me firent reculer, je pris mes armes : vain espoir, les balles, et le fer ne pouvaient rien sur lui. Nous étions dans cette étrange situation, lorsque le tonnerre vint ajouter à notre effroi; le chateau parut tout en feu, une épaisse fumée nous ôtoit la respiration et nous permettait à peine de nous voir ; des ombres gigantesques allaient et venaient en tout sens, plusieurs s'approchaient de nous, en nous menaçant, mais celui qui était le plus tourmenté était le malheureux, qui avait fait le pacte, la frayeur le saisit au point qu'il laissa tomber sa divine image, au même instant, les démons le saisirent et lui tordirent le cou, nous vîmes expirer ce malheureux sans pouvoir lui donner aucun secours, mais que devînmes-nous, lorsqu'une voix aussi forte que le bruit de la mer en courroux, prononça ces mots : Homme sans foi, tu m'appartenais, j'avais fait assez de sacrifices pour t'acquérir, et au mépris de tes sermens, tu avais rompu ton pacte ; retombe en ma puissance, et que les parjures tremblent en lisant ton histoire. A peine avait-il fini ces mots, que le château parut s'abimer, et que nous perdîmes tous connaissance. Lorsque nous revînmes à nous, nous nous trouvâmes en rase campagne, et dans un tel état de faiblesse, que nous pouvions à peine nous soutenir. Nous nous rendîmes comme nous pûmes au prochain village, bien résolus de ne plus tenter d'aventure de ce genre. Néanmoins nous fîmes dire des messes, pour arracher, s'il était possible, l'âme du malheureux damné des griffes du démon, et j'ai la certitude de l'avoir fait, car il m'est apparu depuis, blanc comme la neige, ayant sa relique à la main, et me remerciant de ce que j'avais fait pour lui.

LE REVENANT ROUGE.

CONTE NOIR.

Mon éducation finie, je fus joindre un régiment de hussard dont je venais d'obtenir la lieutenance, tandis que mon intime ami le Marquis de *** se rendait au sein de sa famille qui habitoit les bords du Rhône.

Au bout de 6 ans, j'obtins un congé, et je fus passer mon semestre chez mon ami.

Nous avions tenu une correspondance active, et toutes ses lettres m'entretenaient des terreurs qu'il avait eues dans son vieux château ; elles avaient été si grandes qu'il l'avait abandonné.

Doué d'une force d'âme peu commune, je ne pouvais m'empêcher de rire en lisant sa correspondance ; mais ce fut bien pire lorsqu'il me raconta que véritablement effrayé, il ne mettait plus les pieds dans son donjon, parce que son grand père lui était apparu au-moins vingt fois, que tous ses gens l'avaient reconnu et avaient été témoin du vacarme que les esprits faisaient dans sa maison.

J'aime beaucoup les aventures extraordinaires, lui dis-je ; la vue des revenans l'est passablement, à mon avis, aussi veux-je aller faire une visite à ton aïeul. Dieu t'en préserve, mon ami, personne n'habite le château et nulle créature humaine n'en approche, même en plein jour, sans être saisi d'effroi.

Vaines terreurs, répliquai-je, et ce soir même, je cours me livrer aux esprits infernaux. Toutes les représentations de mon ami, furent inutiles, et suivi de mon domestique, brave hussard, je partis sur-le-champ.

Dès que nous fûmes arrivés, nous commençames à visiter nos armes, ensuite nous parcourûmes toute la maison.

Nous choisîme l'appartement le plus agréable, nous y allumâmes un grand feu ; et fortifiés par un bon souper, nous attendimes avec patience les revenans. Nous venions de nous livrer au sommeil, lorsque nous fûmes réveillés par un bacanal épouvantable : on traînait de lourdes chaînes, les meubles étaient en mouvement, une vapeur épaisse et infecte parcourait tout le château, un vent violent circulait dans toutes les chambres, et l'on aurait dit que la foudre allait nous écraser.

Mon domestique et moi nous nous regardions, sinon épouvantés, du-moins surpris, lorsque ressemblant tout mon courage: aux armes, lui dis-je, ces morts, ne sont que des vivans qui fuiront à notre approche. A peine avais-je fini ces mots, que la porte s'ouvre, et nos regards se portent sur un fantôme d'une grandeur gigantesque; ses yeux creux étaient emflammés, sa bouche livide laissait voir des dents longues et décharnées, ses joues dépouillées de chair, n'offraient à notre vue qu'un monstre horrible, sa tête chauve ajoutait encore à ce tableau; ses mains étaient armées de griffes crochues, son corps n'était qu'un vrai squelette entouré de reptibles, enfin il était mille fois plus hideux que la mort, telle qu'on nous la représente.

Nous étions encore à considérer ce monstre, l'orsqu'un vieillard paraissant avoir 80 ans et tout habillé de rouge entre dans la chambre; sa figure respectable nous rassure. Insensés, nous dit-il, qui a pu vous porter à venir troubler mon repos persécuté par ma famille, durant toute ma vie, veut-elle me persécuter encore après ma mort. Fuis, malheureux, fuis, ou redoute mon courroux. Mille bombe, s'écrie mon hussard, je n'ai pas fui devant des régimens entiers, et je fuirais devant un esprit; attends, téméraire vieillard, je vais t'apprendre qu'un hussard français ne tremble point, même devant les puissance de l'enfer. En disant ces mots, il saisit son pistolet, ajuste l'esprit, la balle part, frappe sa poitrine et roule à ses pieds. Que peuvent tes armes contre moi, dit le revenant d'un ton froid et ironique. Elles pourront mieux cette fois, dit le hussard, et un second coup n'a pas plus de succès que le premier. Le diable m'emporte si j'y conçois rien, dit mon domestique, jamais je n'ai visé si juste, et avec si peu de succès. Suis-moi, dit une voix sépulcrale. Je te suivrai aux enfers, s'écrie le hussard, Et bien! marche, répond l'esprit. Nous le suivons : son guide allait devant, nous traversons une foule d'appartemens, les cours, les jardins. Arrivés à l'extrémité de celui-ci, le vieillard nous adresse ces mots : Je suis damné, ma famille en est la cause : repoussé de son sein, je me suis donné aux esprits infernaux, et c'est pour me venger que je répands l'allarme dans ce château; dis à mon petit fils que de dix ans, ni lui, ni personne n'habitera ici. Mais l'heure de mon retour approche, je sens déjà les cruelles atteintes des flammes, je brûle....S'adressant alors à son compagnon qui s'emparait de lui:

Mons re, lui dit-il, auras-tu bientôt fini de me tourmenter, tes ongles me déchirent, tes dents affreuses me dévorent, et ton souffle m'empoisonne. En effet, le vieillard était déjà tout en feu, et son terrible conducteur, le mettait à la torture. Nous étions stupéfaits. Cependant l'esprit infernal frappa la terre de son pied, en poussant un cri effroyable. Aussi-tôt, la terre s'entrouvrit, et engloutit le vieillard et son bourreau.

Notre courage devenant inutile, nous nous retirâmes, et ayant pris nos chevaux, nous nous éloignâmes de toute la vitesse de leurs jambes.

Arrivés chez le Marquis, nous lui fîmes le récit exact de notre aventure, et l'engageames très fort à ne plus remettre les pieds dans son château.

LE LIÈVRE.

Un mien ami, honnête agriculteur, était un chasseur déterminé; on le voyait dès la pointe du jour, franchir les fossés, gravir les collines et poursuivre le malheureux gibier jusque dans ses derniers retranchemens.

Un soir, qu'accablé de lassitude, et de fort mauvais humeur, il prenait tristement le chemin de sa demeure, la carnacière vide; un lièvre part à ses pieds, mon ami l'ajuste, et le manque : sa mauvaise humeur redouble ; cependant elle cesse lorsqu'il voit le lièvre se tapir à cent pas de lui. Il recharge son fusil, et va dessus, l'ajuste et le manque encore de ses deux coups ; il ne savait comment il avait pu être si maladroit, lui, qui ne tirait jamais en vain. Il reprenait son chemin, en gromelant, lorsqu'il revoit son lièvre, assis sur son derrière et se frottant paisiblement la moustache. Cette fois, dit le chasseur, tu ne me braveras plus, alors, le visant d'un coup d'œil qui ne le trompa jamais, il lâche le coup, et croit avoir abattu sa victime, vain espoir ; elle fuit à quelque pas, et semble se moquer de son ennemi. L'intrépide chasseur, outré de colère, jure de le poursuivre jusqu'au bout du monde, il tint parole, et si bien qu'en deux heures il avait usé toute sa munition, et il voyait encore le malin animal le narguer à quelques pas de lui. Mon ami ne se possédant, plus de rage, retourne toute sa gibecière, trouve une charge de poudre, mais point de plomb; il ne savait comment faire, lorsque l'idée le prit de tortiller des pièces de six liards et de six sous pour en faire des balles. Il était parvenu à force de peine et de patience à recharger son fusil, et se disposait à tirer, lorsque le lièvre changea tout-à-coup de forme et fut remplacé par un homme qui adressa cette parole au chasseur : Cesse de me poursuivre, malheureux, le ciel a permis que je redevinsse créature humaine pour t'empêcher de commettre un crime. Apprends que je suis ton aïeul : depuis cinquante ans, j'habite cettte plaine, sous la figure d'un lièvre, et ma pénitence doit durer cinquante ans encore. Toi, évite mes autes, si tu ne veux éprouver la même peine.

Sa phrase finie, il redevint lièvre et laissa son petit-fils stupéfait et tout tremblant de frayeur.

Depuis ce temps, mon pauvre ami n'a jamais osé tirer un lièvre.

LA BICHE DE L'ABBAYE.

CONTE NOIR.

Il existait au milieu du 10ᵉ siècle une abbaie située aux confins d'une immense forêt de la Normandie.

La légende a rendu cette forêt fameuse par les apparitions continuelles qui y avaient lieu et bien plus encore par la présence d'une biche blanche, qui depuis un tems immémorial avait répandu la consternation dans toute la contrée. Le grand-père disait à son petit fils : Fuis les murs de l'abbaye aussitôt que la nuit approche; en mourrant, mon aïeul me fit la même recommandation, elle lui avait été faite par le sien.

Nombre de de jeunes gens indociles avaient tenté d'approcher l'animal ; mais les uns en avaient été victimes, les autres n'avaient pu y parvenir et tous avaient vu des choses épouvantables.

Les religieux avaient en vain promis des récompenses considérables à ceux qui mettraient l'aventure à fin, mais la terreur était si grande que personne n'osait plus la tenter.

Les choses en étaient là lorsque deux chevaliers furent demander l'hospitalité au monastère : leur contenance noble et fière, leur force qui paraissait surnaturelle, les nombreuses cicatrices qui honoraient leur bravoure, tout annonçait que ces étrangers étaient de preux chevaliers.

L'abbé leur fit l'acceuil le plus gracieux et les pria avec tant d'instances de passer quelques jours avec lui qu'ils ne purent s'y refuser.

Ce n'est que pour reconnaître les bontés que vous avez pour nous, dit un des chevaliers à l'abbé, que mon frère d'arme et moi acceptons votre offre ; car nos chagrins sont si cuisans que notre intention était d'aller finir notre triste existence dans quelques climats lointains. Mon fils, reprit l'abbé, le ciel a de grandes vues sur vous, je vous attendais et je connais vos peines : le souverain qui vous a disgracié reviendra de son erreur, et vous serez encore à la cour ce que vous méritez d'y être ; songez toujours que c'est ici le terme de vos infortunes. En finissant ces mots, l'abbé se leva et leur souhaitant une bonne nuit, ils furent se coucher.

Les chevaliers restèrent tout surpris du discours du digne abbé : nous savions bien qu'il était un saint homme, se dirent-ils, mais nous ignorions qu'il fut prophête.

Le lendemain au point du jour, l'abbé entra dans leur cellule, s'assit près de leur lit et leur tint ce discours :

Chevaliers aussi nobles que braves, le ciel seul a guidé vos pas parmi nous, le dieu que nous servons vous a envoyés exprès pour mettre fin à vos chagrins et aux miens.

Apprenez, illustres chevaliers, que depuis plus de cent ans les alentours de cette abbaye sont en proie à des visions plus ou moins terribles : le malin esprit y fait sa demeure, tantôt sous une forme, tantôt sous une autre. Un nombre prodigieux de nos vassaux et de braves chevaliers ont été sa victime, et l'on a cru jusqu'à présent que nulle puissance terrestre ne pouvait triompher de ces esprits infernaux.

En proie à la plus vive douleur, je le croyais aussi, lorsque la nuit qui a précédé votre arrivée, j'ai eu une vision, un ange m'est apparu et m'a dit : abbé le ciel est touché de tes peines, et veut y mettre fin ; il t'enverra deux chevaliers bannis injustement de la cour, le chagrin les dévore et ils vont sous un ciel étranger chercher un repos qu'ils ont perdu, engage les a tenter l'aventure de la forêt, dis leur bien que s'ils sont purs, que si leurs mains sont nettes du sang innocent, si leur âme n'est pas souillée, ils sortiront victorieux de cette lutte, mais qu'ils s'examinent bien, que leur salut dépend de la sainteté de leur vie.

A ces mots, j'étais tombé la face contre terre; lorsque je me suis relevé, je n'ai plus vu qu'une vive lumière qui fendait la voûte éthérée. Voilà, mes enfans, comment j'ai su vos aventures, et si je juge bien, je vous crois destinés à de grandes choses.

Le plus ancien des chevaliers prenant la parole, dit : Mon père, le jeune homme que vous voyez là est mon élève, issus tous les deux d'une noble race, l'amitié la plus sainte nous unit presque dans l'enfance, un léger duvet ombrageait à peine mon menton qu'Ernof commençait à marcher ; bien jeune encore, il perdit les auteurs de ses jours, mais son père avant de mourir me fit jurer que jamais je n'abandonnerais son fils ; après, il m'arma chevalier, me donna diverses instructions et s'endormit du sommeil des justes.

La carrière que je venais d'embrasser m'appelait à la cour... Aux combats...Je m'y rendis. Le roi fut touché de ma jeunesse, me prit en amitié et bientôt me témoigna de l'estime.

Dans diverses batailles où je combattis sous ses yeux, j'eus le bonheur de lui plaire et un jour que près d'être accablé sous le nombre, il était sur le point de perdre la liberté, je ralliai quelques chevaliers, je revins à la charge et je fus assez heureux pour ramener mon roi, et le ramener triomphant de ses ennemis.

Sa reconnaissance égala le service que je venais de lui rendre ; il exigea que je fusse attaché spécialement à sa personne, et tous le palais retentit des louanges qu'il me donna.

Cependant cinq années s'étaient écoulées sans que j'eusse vu mon élève, je l'avais confié aux soins d'un écuyer fidèle; mais je sentais que ma présence lui devenait nécessaire : j'en parlai au roi; il me permit d'aller chercher mon ami, mon enfant. Je fis toute la diligence possible, je me jettai dans les bras de mon Ernof; je le trouvai tel que je le désirais, plein d'ardeur, et de noblesse d'âme. Je l'emmenai avec moi, et il eut le bonheur de plaire à la cour. Notre illustre monarque voulut l'armer lui-même chevalier, et la jeune princesse lui donna sa devise, hélas ! cet heureux tems n'a pas été de longue durée

Un vassal donne le signal des combats, le roi près de se mettre à la tête de son armée fait une chute ; on est obligé de le transporter dans son lit.

Cependant les Anglais accouraient soutenir le rebelle ; il fallait se hâter de combattre, et le roi ne pouvait se tenir debout. Dans cette extrémité, il me fit appeler. Chevalier me dit-il, partez, mettez vous à la tête de mes troupes et qu'à vos coups, mes soldats reconnaissent l'ami de leur monarque. Je mis un genou à terre et je jurai de triompher ou de mourir. Revenez victorieux, me dit le prince, et je vous ferai l'honneur de vous allier à ma famille, vous épouserez ma cousine la princesse de..... Cette promesse redoubla mon ardeur; le monarque s'en apperçut, et ayant fait appeller la princesse, il lui dit de me regarder comme son époux; de me donner sa devise et ses couleurs : il ajouta qu'il ne pouvait mieux nous récompenser l'un et l'autre, qu'en unisant en nous la vertu et la valeur.

A ces mots, la princesse resta toute interdite, dit qu'elle obéirait, me donna pour devise : Protégez le faible et respectez la vertu. Sa couleur favorite était noire, je la pris, et depuis on m'a appelé le Chevalier noir.

Je me mis de suite à la tête de l'armée; elle était belle et pleine d'ardeur, aussi n'eûmes nous pas de peine à vaincre le rebelle, mais les Anglais étant venus à son secours, il fallut recommencer le combat; une bataille décisive allait se donner : j'exhortai mes soldats et je les conduisis à l'ennemi ; ils firent des prodiges de valeur, néanmoins ils allaient céder au nombre et à la fortune, lorsque je m'adressai à Ernof : Mon fils, lui dis-je, le salut de l'armée dépend de nous : vois-tu ce gros d'ennemi ? lui seul porte le désespoir et la mort, courons et qu'il nous reconnaisse pour les favoris du prince. Ernof me suit, notre présence rétablit le combat, mon jeune ami était comme un lion, et bientôt les Anglais cèdent à sa valeur; mais ce ne fut point sans que notre sang coulât. Ernof entouré d'une troupe de gendarmes venait de tomber, prompt comme l'éclair, j'accours pour le sauver : j'y parviens ; mais moi même blessé grièvement, je fus emporté sans connaissance.

En apprenant mes succès et mes blessures, le roi était accouru ; il me trouva presque mourant : sa tendre amitié, ses soins, hâtèrent ma guérison, et la paix vint y ajouter un beaume qui ferma toutes mes plaies.

De retour à la cour, le roi voulut tenir sa promesse. Comte, me dit-il, dans huit jours vous serez l'époux de ma cousine. Hélas ! tant de bonheur était-il fait pour moi.

La veille de mon himen, jour malheureux, la princesse me fit demander ; je me rendis à ses désirs. Quel fut mon désespoir, lorsque fondant en larmes elle me dit : Chevalier, si la vertu et la valeur seules avaient le pouvoir de subjuguer les cœurs, qui mieux que vous mériterait d'être aimé ; mais apprenez un fatal secret : j'aime, chevalier, j'aime depuis longtems, et j'aime sans espoir. Le roi ignore cette funeste passion, et je n'aurai jamais la force de la lui avouer. Mon seul espoir est en vous chevalier : si vous voulez me conduire à l'autel, j'obéirai, mais non, vous vous laisserez fléchir; vous ne voudrez pas me désespérer, et vous empêcherez une union qui serait malheureuse pour nous deux.

J'étais stupéfait, la douleur m'ôtait la parole, et je ne pus que m'écrier : Comment faire, eh ! que dire au roi? Je prétexterai une maladie, dit la princesse, et pendant ce tems nous aviserons à quelques moyens.

Que vous dirai-je, enfin; je me vis forcé de dire à mon roi, à mon ami, que je ne pouvais accepter son alliance. Le monarque fit tout ce qu'il put pour m'arracher mon secret, j'eus la force de le lui cacher : dans sa colère, il me traita d'ingrat, de perfide, et me bannit de sa présence. Le jeune Ernof ne fut point compris dans cet arrêt, mais sa tendre amitié pour moi, a préféré mon exil aux plaisirs de la cour.

Lorsque le chevalier eût fini, l'abbé lui dit : Mon fils, vos chagrins sont grands et justes ; perdre sans l'avoir mérité la faveur de son souverain, le cœur de son ami, voilà de véritables chagrins ; mais prenez courage, le moment n'est pas éloigné..Je prévois..Oui.. l'avenir se déroule à mes yeux.... le ciel m'inspire.... je vous vois dans les bras de notre monarque adoré.... je vous vois près de la princesse : elle devient sensible, elle reconnaît que l'objet de sa passion est indigne d'elle, et elle vous abandonne son cœur et sa main. Mais avant, il faut détruire l'œuvre du démon ; jusqu'ici vous avez combattu des hommes, maintenant c'est la malin esprit qu'il faut altérer ; soyez insensible, que votre cœur soit de roc, que rien ne vous touche, ne vous effraye, voilà vos sauveurs, ce Christ, cette image de la Vierge vous rendront invulnérable. Ce soir, à la troisième heure de la nuit, vous partirez; pendant ce tems, mes religieux et moi serons en oraison pour la réussite de votre périlleuse entreprise. Cependant mettez-vous en prière, et que le plus saint des sacremens fortifie vos âmes comme une nourriture succulente fortifie nos corps.

Il dit et se retira.

Le soir, les chevaliers sortirent armés de toutes pièces. A peine étaient-ils hors de l'abbaye, que la biche vint se présenter à eux; ils la poursuivirent; elle les conduisit au milieu de la forêt; arrivés là, ils virent un palais magnifique; une cour nombreuse était assemblée et le monarque qui la présidait était le roi de France, l'ami du chevalier. A son côté était la princesse; le chevalier resta intedit; il oublia un moment que c'était l'œuvre du malin, et il allait se jeter aux pieds du roi et de sa cousine, lorqu'Ernof, qui devina sa pensée, le retint et lui dit : Ces images sont trompeuses, point de faiblesses. C'en fut assez, le chevalier tirant son épée, fondit sur le fantôme ; celui-ci lui cria, malheureux veux-tu égorger ton ami, ton bienfaiteur; veux-tu immoler ton épouse; viens plutôt dans leurs bras. Vains discours, le chevalier armé de la foi, tomba sur le fantôme et le mit en fuite ainsi que sa princesse. Alors le chateau s'écroula de toutes parts, le tonnerre gronda d'une horrible manière, la terre s'entr'ouvrit, et les deux guerriers en mesurèrent toute la profondeur d'un coup d'œil. Il en sortait une fumée noire et infecte et des nuées de fantômes voltigeaient autour des deux chevaliers; ils frappaient indistinctement sur tout ce qui les entourait, et chaque coup qu'ils portaient, occasionnait un changement : tantôt, c'était une femme en pleurs, qui les priait de l'épargner ; tantôt c'était un jeune enfant à la mamelle ; une autre fois c'était une bête féroce.

Il y avait plus d'une heure que ce combat durait, lorsqu'un chevalier gigantesque se présenta à eux : sa force semblait égaler sa bravoure, et les coups qu'il porta à nos héros furent horribles ; tout autre qu'eux en aurait été épouvantés, mais leurs cœurs d'acier ne redoutèrent rien.

Ils s'apperçurent cependant que leur ennemi était invulnérable ; leurs épées ne pouvaient l'entamer, tandis qu'ils voyaient leurs armes en pièces et leur couler. Faibles femmes, disait-il, osez-vous, vous mesurer avec moi, tremblez, votre dernier moment approche, et vous irez rejoindre les téméraires qui comme vous ont voulu braver ma puissance. O ! Dieu, s'écria le chevalier noir, si jamais j'ai blasphêmé ton saint nom, si jamais j'ai cessé de protéger le faible, l'innocent, fais-moi périr; mais si j'ai toujours été selon ton cœur, si la vertu a toujours été ma passion, fais-moi sortir victorieux de ce combat.

Nos chevaliers voyant que leurs armes ne pouvaient rien contre le démon, saisirent leur crucifix et en frappèrent l'ennemi du genre humain; mais, ô ! surprise, aussitôt que le divin signe l'eût touché, le guerrier disparut, et ils ne virent plus à sa place qu'un spectre horrible qui les glaça d'épouvante ; ils continuèrent à le harceler, et bientôt après il disparut totalement. Ils parcoururent la vaste enceinte où ils étaient, et ne trouvèrent plus que les arbres de la forêt.

Ils se retiraient lentement, lorsqu'ils entendirent des cris plaintifs. Illustres chevaliers, leur disait-on, venez délivrer des malheureux, aussi braves que vous, mais qui avaient moins de foi et de vertus : nous gémissons depuis nombre d'années dans les entrailles de la terre, venez à notre secours.

Les chevaliers ne demandaient pas mieux que d'aller les délivrer, mais par où passer. Il me vient une idée, dit Ernof, posons notre crucifix à terre et prions : ils exécutent leur projet. O ! surprise, la terre s'ouvre et laisse apercevoir un chemin. Nos guerriers s'y précipitent, et bientôt ils arrivent près des malheureux qui les avaient appelés : mais des barrières insurmontables s'opposent à leur délivrance ; toute la malice infernale s'est déployée pour défendre ces lieux ; des fantômes, des spectres, des lacs de sang, de souffre, rendent ce lieu inexpugnable ; une multitude de démons en défendent l'entrée ; nos chevaliers frappent d'estoc et de taille, tous leurs efforts n'aboutissent à rien ; ils approchent leur divine relique, les grilles disparaissent, les démons sont en fuite, tout cède à leurs efforts : ils emmènent les malheureux prisonniers. Ils retrouvent leur chemin, et arrivent presque mourans au monastère.

Dieu soit loué, s'écria l'abbé, l'œuvre du démon est donc détruite, et nous pourrons respirer en liberté.

Depuis cette époque, la forêt ne fut plus fréquentée par les esprits, et pour les empêcher d'y retourner, l'abbé y fit planter des croix de distance en distance.

Nos deux preux habitaient le monastère depuis quelques jours, lorsqu'ils reçurent un message du roi qui les envoyait chercher. Ils se rendirent à ses ordres, leur innocence fut reconnue et le chevalier épousa la princesse.

LA MAISON DU LAC.

Me promenant sur le lac de Genève, je vis en passant devant un vieux château abandonné, la terreur peinte sur le visage de mon batelier, qui fit force de rames pour gagner le large. Qu'avez-vous, lui dis-je ? ah ! Monsieur, laissez moi fuir au plus vîte ; voyez ce fantôme qui est à une croisée et qui me menace. Je vis en effet un spectre qui faisait des signes menaçans. Voilà qui est plaisant ! raconte-moi donc ce qui se passe d'extraordinaire dans ce château ? Monsieur, reprit le batelier, j'étais autrefois pêcheur et très intrépide, mes camarades m'avaient dit cent fois : Honoré, n'approche pas du vieux château; quoique le poison y soit très abondant, ne te laisse point tenter, tous les revenans de l'autre monde l'habitent. Je méprisai leurs conseils et trouvant mes filets toujours garnis, je revenais tous les jours dans ce fatal endroit; j'avais vu plusieurs fois des apparitions, mais je m'en moquais et de dedans ma nacelle, je narguais les revenans.

Un soir, soir funeste ! que je tirais ma seine, je vois un fantôme épouvantable marcher sur le lac, je n'en fus pas effrayé, et je saisis mon aviron pour repouser le spectre, (c'est le même que vous venez de voir) mais ô terreur ! le monstre secoue son bras et il me fait voir une flamme qui éclaira tout le lac : dans le même instant il remplit ma barque de reptiles ; le feu sortait de sa bouche, de ses narines de ses yeux, et sa voix était semblable au tonnerre. Cependant d'une main vigoureuse il saisit mon bateau et le fit disparaître en un clin d'œil : comme toute ma petite fortune sombrait, j'entendis le fantôme qui disait : Téméraire, l'enfer va te recevoir, que cet exemple apprenne aux faibles humains à ne jamais lutter contre les esprits infernaux.

Cependant je nageais de toutes mes forces sans savoir où j'allais, heureusement pour moi je rencontrai un pêcheur qui me recueillit, me fit revenir à la vie, (car j'étais tombé presque mort dans son bateau) et me conduisit chez moi. Hélas ! je fus sauvé, mais ma barque, mes fillets, et mon jeune frère, tout périt.

Voilà, monsieur, ce qui m'est arrivé,

aussi n'approché-je jamais de ce maudit château sans un ordre exprès des voyayeurs.

Depuis ce tems je mène une triste existence, je suis domestique, tandis qu'avant je gagnais bien ma vie, et celle de ma pauvre famille.

Mon ami, je suis fâché de ton malheur ; néanmoins je veux aller voir ton spectre. Le ciel vous en garde, monsieur, vous n'en reviendrez pas vivant. Viens-y avec moi ? — Non ? j'ai eu une trop bonne leçon. — Eh bien ! debarque-moi. — Pour Dieu, ne faites pas cette folie. — Marche toujours, débarque-moi. — Soit, je vais vous attendre à quelque distance.

Me voilà au commencement de la nuit au pied du donjon. J'étais armé jusqu'aux dents, non contre les revenans ; je n'y croyais point, mais dans la crainte de trouver des habitans de ce monde occupés à toute autre chose qu'à prier Dieu. J'entre, tout est tranquille dans le château, j'allume de la chandelle, je me promène partout, je vois tout en ordre, je m'installe dans une chambre, mes armes sur une table, j'attends l'ennemi de pied ferme.

Je commençais à croire que les diables ou les esprits me respecteraient, lorsque j'entendis tomber quelque chose de la cheminée, je me lève pour voir, c'était une tête de mort, un moment après une jambe suivit, ensuite des bras et enfin le reste du cadavre. Oh! oh! me dis-je, il ne fait pas bon ici; ces esprits font autre chose que peur. Je songeais à me retirer, lorsqu'un bruit de chaînes se fit entendre, j'écoute, et bientôt je vois mon spectre, qui m'adresse ces paroles : Incrédule, ne te suffisait-il pas du terrible châtiment de ton batelier; devais-tu venir dans cette maison?.. Téméraire, tremble, tout l'enfer et déchaîné contre toi. Je ne perds point la tête, je fais feu sur le fantôme; il se rit de ma colère, et ayant fait un signe, une multitude de démons accoururent dans l'appartement. Ils faisaient un vacarme horrible. Je fuis de cette maudite chambre, je gagne un escalier, je monte, je me précipite dans une autre, j'y trouve un spectre enveloppé d'un linceul tout dégoûtant de sang ; je fuis de nouveau, des milliers de squelettes me retiennent avec leurs mains décharnées ; je cours dessus le sabre à la main, mes coups sont de nul effet, un spectre monstrueux veut se jeter sur moi, je l'évite, je me sauve; mais je ne sais bientôt plus où aller, une fumée épaisse et infecte remplit toute la maison : sans cesse harcelé par une armée de fantômes, je me précipite dans une pièce voisine; mais à peine ai-je mis le pied dedans, que le plafond s'abîme et je tombe je ne sais où.

Cependant j'étais sans connaissance et je ne me reconnus que lorsqu'il fit grand jour, alors je me trouvai sur les bords du lac. Mes vêtemens étaient en lambeaux, et j'étais si faible que je ne pouvais me tenir debout. Mon pauvre batelier vint me prendre et il me dit : Que de dessus le lac il avait vu des choses qui l'avaient glacé d'éffroi, et qu'il croyait bien fermement que je n'étais plus de ce monde.

Nous reprîmes tristement le chemin de Genève, là, je donnai à mon conducteur une somme assez forte pour le mettre à même de reprendre son premier état.

Quant à moi, je fus plusieurs fois me promener sur le lac, mais je ne fus plus tenté de visiter l'infernal château.

LE REVENANT ET SON FILS.

M. Cayol, riche propriétaire à Marseille régla un compte avec un de ses paysans ; celui-ci, lui compta une somme de douze cent francs : le maître se trouvant fort occupé dans ce moment lui dit tu reviendras demain, je te donnerai ta quittance ; sur cela le cultivateur s'en va : tranquille sur la probité de son bourgeois, il ne se presse pas d'aller demander son récépissé ; plusieurs jours se passent : durant cet intervalle, M. Cayol meurt d'apoplexie.

Son fils unique prend possession de son héritage. En visitant les papiers de son père, il voit que son paysan, Pierre, lui doit douze cent francs, il les lui demande ; celui-ci répond qu'il les a payés. M. Cayol demande le reçu, le malheureux Pierre ne l'a point, il raconte le fait ; le propriétaire n'y ajoute point foi, donne congé au paysan, le poursuit, et obtient condamnation. Il allait faire saisir ses meubles, lorsqu'une nuit bien éveillé (à ce qu'il m'a dit lui-même), son père lui apparait et lui tint ce discours : « Malheureux ! que va-tu faire, Pierre m'a payé, lève toi, regarde derrière le miroir qui est sur la cheminée de ma chambre, et tu y trouveras mon reçu.

Le fils se lève tout tremblant, obéit, et trouve la quittance de son père.

Il paya tous les frais qu'il avait faits à son paysan et le garda.

Il l'avait encore à mon dernier voyage dans cette ville.

LE TRÉSOR.

Étant dans une grande ville de province, logé chez un ami, il me dit que depuis la mort du propriétaire, personne ne pouvait habiter la maison, parceque toutes les nuits on faisait un sabat épouvantable. Nous entendrons ce sabat, dis-je, et nous dénicherons peut-être le revenant. Il n'est pas difficile à dénicher, répondit-il, puisque tous les soirs nous voyons son ombre. Ah! ah! tant mieux.

Me voilà donc aux aguets dès la brune : j'avais pris la récaution de m'armer. Vers les onze heures, comme nous étions à souper, il entre un grand fantôme couvert d'un linceuil, chacun tremble; moi seul je me mets à rire. Le spectre me fait signe de le suivre, je lui réponds : *Allons marche.*

Nous descendons ; il m'enmène dans la cave, là il me montre une pioche et me dit : fouille. Je me mets en devoir d'obéir, à peine avois-je donné cinquante coups de bêche, que je trouve une marmite de fer bien hermétiquement fermée. Prends cette marmitte, me dit le fantôme, et vois ce qu'elle contient. Quelle fut ma surprise en la voyant pleine d'or. Elle contient mille louis, reprend mon interlocuteur, porte les à mon fils et dis lui bien qu'il ne m'imite pas; dévoré du démon de l'avarice, ma seule passion a été d'entasser or sur or; maintenant j'en porte la peine, je suis condamné à cent ans de souffrances. Dis de plus à mon fils qu'il me fasse dire cinquante messes par an, cela abrégera ma pénitence. Adieu, en finissant cela, il disparut. Je remis fidèlement à son fils le dépôt que j'avais trouvé, et depuis ce tems, la paix fut rétablie dans la maison de mon ami.

FACÉTIES SUR LES VAMPIRES.

— Tandis que les vampires faisaient bonne chère en Autriche, en Lorraine, en Moravie, en Pologne, on n'entendait point parler de vampires à Londres, ni même à Paris. J'avoue, dit Voltaire, que, dans les deux villes, il y eut des agioteurs, des traitans, des gens d'affaires, qui sucèrent en plein jour le sang du peuple ; mais ils n'étaient point morts, quoique corrompus. Ces suceurs véritables ne demeuraient pas dans des cimetières, mais dans des palais fort agréables.

= C'est une chose véritablement

curieuse que les procès-verbaux qui concernent les vampires. Calmet rapporte qu'en Hongrie, deux officiers délégués par l'empereur Charles VI, assistés du bailli du lieu et du bourreau, allèrent faire enquête d'un vampire mort depuis six semaines, qui suçait tout le voisinage. On le trouva dans sa bière frais, gaillard, les yeux ouverts, et demandant à manger. Le bailli rendit sa sentence. Le bourreau arracha le cœur au vampire et le brûla ; après quoi le vampire ne mangea plus. Qu'on ose douter après cela des morts ressuscités dont nos anciennes légendes sont remplies ! (*Dictionnaire phylosophique.*)

— Dans le vaudeville des Variétés, *les trois Vampires* se font connaître de cette sorte :

Le vampire Ledoux. « Un instant !... Je suis connu, je me nomme Ledoux, fils de M. Grippart Ledoux, huissier de Pantin..... Messieurs. »

Le vampire Larose. « Moi je m'appelle Larose, fils de Pierre Taxant Larose, percepteur des contributions de Sceaux..... Messieurs ; et honnête homme, si j'ose m'exprimer ainsi. »

Le vampire Lasonde. « Et moi, je suis Lasonde, commis à la barrière des Bons-Hommes..... Messieurs. «

M. Gobetout. « Puisque votre père est huissier, que le votre est percepteur des contributions, et que monsieur est commis à la barrière...., je ne m'étais pas tout-à-fait trompé en vous prenant pour des vampires. Vous nous sucez bien un peu....

— Quand les vents glacés du dernier hyver eurent perdu les oliviers de la Provence, un mauvais plaisant dit :
» Les vents de l'année passée étaient
» bien mauvais, mais ceux de cette

» année sont encore des vents pires.... »

— Le fameux marquis d'Argens témoigna, dans ses Lettres juives, quelque crédulité pour les histoires de vampires. Il faut voir, dit Voltaire, comme les Jésuites de Trevoux en triomphèrent : « Voilà donc, disaient-ils, ce fameux incrédule qui a osé jetter des doutes sur l'apparition de l'ange à la Sainte-Vierge, sur l'étoile qui conduisit les mages, sur la guérison des possédés, sur la submersion de deux mille cochons dans un lac, sur une éclypse de soleil en pleine lune, sur la résurrection des morts qui se promenèrent dans Jérusalem : son cœur s'est amolli, son esprit s'est éclairé ; il croit aux vampires..... »

— Il était reconnu que les vampires buvaient et mangeaient. La difficulté était de savoir si c'était l'âme ou le corps du mort qui mangeait. Il fut décidé que c'était l'une et l'autre. Les mets délicats et peu substantiels, comme les meringues, la crême fouettée et les fruits fondans, étaient pour l'âme; les rost-bif étaient pour le corps. (*Dictionnaire philosophique*).

— Le résultat de ceci est qu'une grande partie de l'Europe a été infestée de vampires, pendant cinq ou six ans, et qu'il n'y en a plus; que nous avons eu des convulsionnaires en France, pendant plus de vingt ans, et qu'il n'y en a plus; que nous avons eu des possédés pendant dix sept cents ans, et qu'il n'y en a plus; qu'on a toujours ressuscité des morts depuis Hyppolite, et qu'on n'en ressuscite plus. (*Même ouvrage.*)

CONCLUSION. — Parce qu'on a vu dans ce volume quelques histoires qui portent en apparence un certain caractère de vérité, il ne faut pas pour cela les croire. On n'a lu généralement que des contes, ou des aventures qui ne sont nullement authentiques. Doit-on croire une personne qui a vu seule des choses surnaturelles ? Et dans toules apparitions, il n'y a jamais de témoins imposans.

Il est vrai qu'on a déterré des morts dont le corps était encore frais. Cet accident était causé par la nature du terrain ou ils étaient inhumés ou bien par des maladies; la peur et l'imagination troublée en ont fait des vampires.

Mais comme il est reconnu et démontré que les morts ne peuvent revenir, et qu'il n'y a jamais eu de revenants, à plus forte raison, doit-on être assuré qu'il n'y a ni vampires ni, spectres, qui aient le pouvoir de nuire.

Remarquons en finissant que les personnes d'un esprit un peu solide n'ont jamais rien vu de cette sorte, que les apparitions n'ont effrayé que des villageois ignorants, des esprit faibles et superstitieux.—Pourquoi Dieu, qui est clément et juste prendrait-il plaisir à nous épouvanter, pour nous rendre plus misérables ?...

F I N.

TABLE.

Avertissement	5
La Nonne sanglante. Nouvelle... pag.	9
Le Vampire Arnold-Paul	16
Jeune Fille flamande étranglée par le Diable. Conte noir	21
Vampire de Hongrie	27
Histoire d'un Mari assassiné qui revient après sa mort demander vengeance	31
Avanture de la Tante Mélanchton	38
Le Spectre d'Olivier. Petit roman	40
Spectres qui excitent la tempête	62
L'Esprit du Château d'Egmont. Anecdote	65
Le Vampire Harppe	69
Histoire d'une apparition de Démons et de Spectres, en 1609	71
Spectres qui vont en pélerinage	76
Histoire d'une Damnée qui revient après sa mort	80
Le Trésor du Diable. Conte noir	84
Histoire de l'Esprit qui apparut à Dourdans	86

Les Aventures de Thibaud de la Jacquière. Petit roman.............. 95
Spectre qui demande vengeance. Conte noir...................... 112
Caroline. Nouvelle................ 116
Flaxbinber corrigé par un Spectre... 123
L'Apparition singulière. Anecdote... 126
Le Diable comme il s'en trouve. Anecdote......................... 129
Fête nocturne, ou Assemblée de Sorciers........................ 133
Histoire d'un Braucolaque.......... 142
La Petite Chienne blanche. Conte noir.. 152
Le Voyage...................... 163
Le Cheval sans fin. Conte noir....... 165
La Maison enchantée. Conte plaisant.. 167
Le Pacte infernal. Petit roman...... 172
Le Revenant rouge. Conte noir...... 188
Le Lièvre...................... 195
La Biche de l'Abbaye. Conte noir... 199
La Maison Du Lac................ 19
Le Trésor...................... 228
Facéties sur les Vampires.......... 231

BIN DE LA TABLE.

www.ingramcontent.com/pod-product-compliance
Lightning Source LLC
Chambersburg PA
CBHW071934160426
43198CB00011B/1400